U0648083

台州种业发展简编

主　编：张　胜　林太赞
副主编：贝道正　吴其褒

ZHEJIANG UNIVERSITY PRESS
浙江大学出版社

《台州种业发展简编》

编委会

主　编：张　胜　林太赟

副主编：贝道正　吴其褒

编　委：（按姓氏笔画排序）

丁杨东　贝道正　王　驰　王　皓　包祖达

朱再荣　朱贵平　李可富　汤学军　杨　巍

吴其褒　张　胜　沈文英　柳　赞　陈　君

陈人慧　林太赟　林飞荣　林友根　庞娇霞

陶永刚　黄日贵　顾天飞　屠昌鹏

"国以农为本，农以种为先"，农作物种业是国家战略性、基础性核心产业。我国是农业生产大国，同时也是用种大国。种业安全是确保农业长期稳定发展、保障国家粮食安全的根本。

改革开放特别是进入新世纪以来，我国农作物种业发展实现了由计划供种向市场化经营的根本性转变，取得了巨大成绩，为提高农业综合生产能力、保障农产品有效供给和促进农民增收作出了重要贡献。

我市历来高度重视种业发展，近年来不断推进种子管理体制改革，加大良种选育与推广力度，强化种子市场管理，加强种质资源普查与开发利用，强化种业基础设施建设，夯实种业发展基础，对农业增产、农民增收起到了重要的促进作用。

《台州种业发展简编》对台州古今农作物种子发展概况，特别是1949年以来种子生产经营与管理、地方特色品种资源与品种选育推广等情况进行客观系统的收集整理和阶段性总结，可谓台州种业发展的志书。鉴古知今，继往开来。该书不仅是一部系统的、详实的地方种业史料，而且可为进一步谋划台州现代种业健康发展提供历史借鉴与参考，对台州的农业科研、教育与农业知识的普及也具有一定的参考价值。该书的出版发行，对推进台州农业生产可持续发展具有十分重要的现实意义，符合时代精神。故欣然为序，并诚表贺忱！

王冬米

台州市农业农村局党组副书记、副局长

浙江省台州市地处浙江中部沿海，北接宁波、绍兴，南邻温州，辖椒江、黄岩、路桥三区，临海、温岭、玉环三市，天台、仙居、三门三县。台州兼得山海之利，农业资源丰富，是一个农、林、牧、渔各业全面发展的综合性农业区域。台州是浙江省粮食主产区之一，是我国第一个水稻亩产超"纲要"、上"双纲"的地方，近年来粮食单产连年刷新纪录；蔬菜产业化经营水平居浙江省前列，其中，沿海西兰花产业带是全国最大的西兰花生产出口基地，黄岩是全国最大的设施茭白生产基地。农以种为本，农业的发展带来了种业的繁荣。特别是种子管理体制改革以来，种业逐步走上了市场化和产业化道路，台州的科研单位、种子公司与民营企业纷纷参与种子生产经营领域，致力于台州现代种业发展，并取得了丰硕的成果。

为了系统地总结台州种业发展，我们收集台州各地有关种业发展资料，编写了《台州种业发展简编》一书。全书内容共分9章，包括台州古今农作物种子发展概况，1949年后种子工作历程，地方特色品种资源与品种选育，新品种引进试验与示范推广，种子繁育，供种体系和种子经营，种子管理，种子储备，科技成果、奖励、论文、著作。

《台州种业发展简编》在编写过程中得到了台州市农业农村局领导和同行的大力支持与帮助，在此一并表示衷心感谢。由于台州种业发展历史悠久，涉及时间长、范围广，加上机构更迭，编著时间仓促、水平有限，错漏之处在所难免，欢迎读者给予批评指正。

编　者

2021 年 1 月

第一章 古今农作物种子发展概况 / 1

一、台州历代志书有关种子记述 / 3

二、民国时期农作物种子 / 7

第二章 1949 年后种子工作历程 / 13

一、就地发掘良种，就地繁育，就地推广时期（1950—1958 年） / 15

二、贯彻"四自一辅"方针时期（1959—1978 年） / 21

三、实施种子工作"四化一供"时期（1979—2000 年） / 29

四、实施种子种苗工程时期（2000 年以后） / 36

第三章 地方特色品种资源与品种选育 / 51

一、地方特色品种 / 53

二、台州种质资源 / 57

三、品种选育 / 66

第四章 新品种引进试验与示范推广 / 71

一、台州市主要农作物主导品种 / 74

二、各地新品种引进试验与示范推广概况 / 77

第五章 种子繁育 / 105

一、种子繁育概况 / 107

二、良种繁育基地 / 110

第六章　供种体系和种子经营 / 113

　　一、供种体系 / 115

　　二、种子经营变革 / 115

　　三、各县市区种子生产、经营概况 / 119

　　四、种子经营企业 / 137

第七章　种子管理 / 141

　　一、种子管理工作概况 / 143

　　二、县市区种子管理工作 / 146

第八章　种子储备 / 153

　　一、种子储备工作概况 / 155

　　二、县市区种子储备工作 / 156

第九章　科技成果、奖励、论文、著作 / 161

　　一、科技成果、奖励 / 163

　　二、论文、著作 / 174

古今农作物种子发展概况

种子是决定农作物产量与品质的关键因素，历来受农业生产者重视。台州有农谚，"好种种大稻，劣种长青草""收多收少在于种"。当地农民也早已认识到选留种子的重要性，"好种种三年，不选也要变"。在农业生产实践中，台州人民利用当地丰富的种质资源，发掘、选育农作物品种，同时不断引进、试验和推广外地优良品种，积累了选育、繁育和贮藏种子的丰富经验，有效推进台州农作物品种的更新换代，不断促进农业增产、增收。

一、台州历代志书有关种子记述

三国，沈莹著《临海水土异物志》[1]，载曰：丹邱谷，夏冬再熟。

宋《嘉定赤城志》[2]记述"黄岩出谷半丹丘"。其中记载南宋时台州水稻品种有籼稻10种，粳稻6种。"……夏熟者曰早禾，冬熟者曰晚禾。最早者曰六十日、曰随犁归、曰梅里白、曰便粮；其次早者曰白婢暴、曰红婢暴、八月白；晚者曰白香、曰白堇、曰大豐、细豐。……又以色言之则大青、矮青、光头青、黄散籼、马嘴红、金珠之类是也，而马嘴红尤香而甘。以次言之，则献台、相连、寄生第二遍之类是也，而献台最贵。至于旱棱宜旱，倒水赖宜水，是又其性之相反者也。糯之种相传有数十，而可记者有：流水糯、白糯、黄糯、麻糯、荔枝糯、乌盐糯，皆因其色近似，而叶婆糯、郎君糯则以其人得名，而矮子糯其以其穗短而称焉。"又曰"占城自占城国至，剗籼自剗至。大中祥符五年以淮浙微旱，使于福建取种三万斛分给种之，至今土俗谓

[1]　临海是台州的一个县级市。
[2]　南宋台州总志。

之百日黄。……曰粳曰糯，尔雅所谓黏与不黏是其别欤"。另有记述"麦类有大小麦，小麦有赤白两色。又有名曰荞麦，秋花冬实。麻有胡麻、油麻、大麻。粟有籼、糯两种。豆有赤白紫褐黑五种"。还记述了水果、蔬菜等作物种类与品种。

南宋绍熙五年（1194年）有给百姓贷稻种的记载。

明代，温岭《嘉靖太平县志》记载谷之属。

稻，丹丘谷，夏秋冬三熟。夏熟曰早禾，秋熟曰中禾，冬熟曰晚禾。早禾有蒙里白，一名梅里白，谷有芒，又名糯米白，色如糯米。随犁归，一名六十日。占城种，来自占城。九十日，满三月而熟。早棱宜高田，水棱宜下田。中禾有红地暴，一名红婢暴，米红。白地暴，米白。斑地暴，谷斑。八月白、乌散、金裹银、迟青。早糯、糖糯、乌节糯。晚禾有白粘籼、黄才籼、缠枝籼、乌嘴籼、樱珠籼、黄板籼、白香籼、钓竿籼、白锦、乌棱、南棱、黄糯、西糯（一名细糯）、麻糯、矮子糯、胭脂糯（一名荔枝糯）、混酒糯。寄生（以寄种早禾中，故名，一曰晚儿）金城。水乡畏水，晚稻少；山乡畏旱，晚稻多。宋大中祥符五年，以两浙微旱，使于福建取种三万斛，分给种之，今土俗谓之百日黄，谷之种类虽多。

稷为五谷之长，黍之不粘者，稷与黍，一类两种也。粘者为黍，不粘者为稷。稷可作饭，黍可酿酒。犹稻之有粳与糯也。

粟与粱相类，其颗粒大者为粱，小者为粟，今人多不能辨。唐《本草》注云："粟类多种，而并细于诸粟，北土常食。"陶隐居曰："凡云粱米，多是粟类，惟其牙头色异为分别耳。"苏恭云："青粱谷穗有毛，粒青，米亦微青，而细于黄白米也。黄粱穗大而毛长，谷米俱粗于白粱。白粱穗亦大，毛多而长，谷粗粗扁长，不似粟之圆也。"

麦有三种，有大麦、小麦、米麦。米麦颇大，《本草》所谓麦也，俗称裸麦，亦谓之大麦云。小麦有赤、白二色，又有茴香麦，早有齐光麦，皆小麦也。《本草》注谓："北地麦，秋种冬长，春秀夏实，得四时全气，故无毒。南地麦，冬种春秀夏熟，少一气，故有毒。"

麻，胡麻，即脂麻也，以其种出于大宛，故云胡麻，与白油麻为一等。《图经》云："胡麻，巨胜也。"陶隐居云："其茎方者为巨胜，圆者为胡麻。巨胜者，大胜也，言八谷之中，此为大胜云。"又一种大麻，可为乳酪。

菽，豆类之总称。有黑豆、黄豆、白豆。山田中所种白豆，颗粒大，有六月白、八月白。有绿豆，可为粉，名真粉，能解酒毒。又有赤豆、川豆、豇豆、饭豆、豌豆（一名蚕豆）、田豆（一名寒豆）、虎瓜豆、羊角豆、刀鞘豆、白扁豆、剪豆（有青、红二种，宜点茶，亦谓茶豆云）。

明代《万历黄岩县志》卷三十二记载，水稻品种有24个："……其最早者曰六十日，次早者曰早红、曰早白，皆六月熟；曰高洋白、曰长红、七月熟；曰矮红、曰迟稻、曰八月白，皆八月熟；曰寄生（亦曰寄晚）、曰金成，九月熟；曰晚稻、曰香粳（亦曰香籼米），十月熟；而最迟者曰迟青，一名冬青，有红白二色，十一月熟，皆粳也。其黏者曰糯，亦有数种：曰早稻糯，六月熟；曰乌嘴糯、曰白嘴糯、曰白壳糯、曰黄糯，皆八月熟；其十月熟者，亦曰黄糯、白糯，黄者酿酒良。"又记述"粟有粳、糯；大麦有早有迟，有红筋，裸麦颗大，小麦有赤白。麻，来自大宛曰胡麻，茎方者曰巨胜。豆有黑豆、黄豆，白豆有六月白、八月白，寒豆、赤豆、川豆、豇豆……，茶豆有青红两种"。同样记述了蔬之属、果之属等作物的种类与品种。

清《康熙临海县志》物产卷记载："稻，早禾早者一名六十日、一名随犁归、一名梅里白，次早者一名白婵暴、一名红婵暴，又名白散一名八月白、白粳、迟青、缩头红、马嘴红，旱棱者宜高田，倒水赖宜低田。晚禾有早糯、晚糯、矮糯、冷水糯、乌节糯、白糯、黄皮糯、胭脂糯。"

清《光绪黄岩县志》记述的水稻品种有18种。麦有2种。"一曰麩麦（裸麦），亦曰粒麦，可饭；一曰小麦，可面。粟有鸡爪粟、狗尾粟；麻有黑白二色，胡麻可饭，油麻可压油，亦名曰脂麻；大麻可为乳酪……"

清《光绪仙居县志》记述的作物品种："稻，有黄岩早、兰溪白、缩头红、金裹银、温州青、霜下晚、冷水青、长秆红诸名色。今总分籼、糯二种。麦，有大有小，大者食豕，小者食人。又有荞麦，秋种冬收，俗名花麦，味不及小麦之甘。豆，有黄豆、黑豆、绿豆、赤豆、清明豆、羊眼豆、豇豆之别。粟，江东呼曰"粢"，俗音如朔，即北地之小米，以米甚小，可为粥饭，亦可粉食。以之酿酒，味不及糯米之甘。又有鸡爪粟，以形名。黍，即高粱也。虽可酿酒，而邑人种者不多，无酿之者。包粟，俗呼观音粟，性温，耐饥，宜于贫家。甘薯，前只山民种之，今则无处不有，近又有自外夷来者，种较易，味不甚佳。油菜，即芸苔子，可油。心可食。正二月开花，色如黄金，所谓黄花似散金是也。"

清代路桥人蔡骧著《土物小识》记述谷属 10 种、蔬属 32 种、果属 37 种……

记载的稻种："早禾有六十日、广东白、狼其白、中信白、迟白、迟红、高洋白、高洋红、长红、秋白、淮白、矮红。晚禾有金成，有粗杆（秆）、中杆（秆）、小杆（秆）之别。小杆（秆）较细，亦有二种：一种三夜齐、一种老鼠牙，其谷白者，曰白金成，红者曰红金成。粳稻有红芒（马齿籼）、长芒（白胡须、斜八石）、光头芒（三百粒）。糯稻有早稻糯、八月糯（黄八、白谷）、余姚糯、冷水糯、矮子糯、朱砂糯、金钗糯、羊脂糯、虎皮糯、乌香糯、红毛糯、猢狲糯、乌嘴糯、芦黄糯。又有宜旱，曰旱棱即陆稻，一名乌棱稻；宜水者曰水棱，俗名倒水赖。"

记载的其他农作物种子包括粟、麦、豆、甘薯、芋、芝麻等。

粟，狗尾粟、鸡爪粟。

麦，有稞麦，小麦亦有赤白二种，矿麦、荞麦。

豆，有黄白青红赤黑灰绿诸色。黄者有大黄、早黄；白者有大白、小白（六月白）；青者有大青、小青；红曰六月红、红七、红香、红饭（寒豆）；赤者有赤小豆；黑曰黑大豆（乌豆）、黑小豆（马料豆）；灰者曰擂灰；绿者曰绿豆。又有蚕豆，俗呼川豆，色青白；豌豆有花白二种。豇豆有黑白二种。蛇豆、扁豆，又有虎爪、羊角、刀鞘……

甘薯，本地红白心红、广东红皮、红毛、六十日。

芋，有红毛芋、白芋、姜芋、大芋等，分水燥二种。

芝麻，有黑、白、黄三色，黄白者曰油麻；黑曰胡麻。

……

总之，多种史志都记载有台州各种农作物种类与品种。

二、民国时期农作物种子

民国 19 年（1930 年），专区级（府）设立农业推广区，负责稻、麦、棉等作物为主的引种、试验、示范、繁育、推广。民国 21 年（1932 年）2 月，台州各县成立农产种子交换所，主持稻、麦、棉种子的引进调换。民国 23 年（1934 年），各府属（即地区）设区农场，以改良稻麦为主。民国 24 年（1935 年），浙江省稻麦良种场在宁、绍、台各属分设双季稻推广实施区。《浙江农业改进史略》记述："改良稻之推广始于民国 24 年，省府即以改进稻麦品种为主要政策之一，先就浙东宁绍台各属分设推广十处……"台州府在黄岩九峰建立第六区农场，以改良稻麦为主。民国 29 年（1940 年），各县设立县农林场，区设繁殖场，乡、保设示范农场，均从事种子改良。民国 31 年（1942 年），台州农业推广区（设黄岩）改为第七农业推广区。民国 32 年（1943 年），县农林场一律改组为农业推广所，在推广所内附设农林场，借以繁殖优良种子、种畜、种苗及办理地方试验等。

民国《台州府志》记载："稻，夏熟者名早禾，冬熟者名晚禾。早禾早者一名六十日、一名随犁归、一名白婵暴、一名赤婵暴（又名白散）、一名八月白，倒水赖宜低田，旱棱宜高田。晚禾有早糯、晚糯、矮糯、冷水糯、乌节糯、白糯、黄皮糯、胭脂糯。麦有大麦、小麦、荞麦。豆有白豆、黄豆、赤豆、黑豆、丝豆、绿豆、田豆、六月豆、八月豆、小赤豆、蚕豆、虎爪豆、豇豆。粟，大曰粱、小曰粟，有粳、糯两种。"

民国时主要作物品种见表 1-1。

1. 黄岩县

民国 31 年（1942 年），县农林场改组扩充为农业推广所。民国 27—35 年（1938—1946 年），先后推广纯系稻、纯系麦等品种 40 多个。

2. 临海县

民国 32 年（1943 年），在城关白云山西南麓的山宫坦建农业推广所，有 30 亩（1 亩 =666.67 平方米）土地用于品种试验。《民国临海县志》对于水稻品种记述基本同《台州府志》。

3. 温岭县

民国 25 年（1936 年），良种引进与试验工作由县农林场分管。民国 30 年（1941 年），县农林场租用水田 6.19 亩，作为水稻品种试验基地。民国 32 年（1943 年），县农业推广所在城关大合山租田地 38.223 亩，主持试验种子繁殖；同时还在横峰宗文书院旧址租用土地 23.366 亩，建立良种繁殖场，繁育种子。民国 35 年（1946 年），县农业推广所在太平、大球、莘田等乡镇贷放稻种，设立特约示范区。

4. 玉环县

据民国《玉环厅志》记载：早稻种有早红、晚红、水红、缩颈早。晚稻种有老疏赤、洛阳青、湖广白、金裹银诸种。

民国 31—32 年（1942—1943 年）县农林场种植繁殖五〇三、五〇四、五〇五、叶里坑、三夜齐等品种。

5. 天台县

民国时期，天台县中、晚稻品种有 30 多个。苎麻品种天台南山麻素负盛名。大豆按皮色分有黄皮豆、青皮豆、褐皮豆、花皮豆和黑皮豆。花生为本地自选自繁的珍珠豆型——小红毛。天台小红毛远在唐、宋时期就有种植，佛界作供品，是花生家族中的珍品，系天台山特产之一。

6. 仙居县

民国 35 年（1946 年），桃源乡（今横溪镇）农民王志云从黄岩引进早稻品种六十日，以半亩水田试种"小麦 – 早稻 – 玉米"三熟制，亩产比原来"麦 – 稻"两熟制增产 76 公斤。

7. 三门县

民国时，三门县种植中稻。1949 年前后，泗淋乡桃峙村农民李华培育了李华稻。玉米有三门红玉米，可结穗 7～8 个，故有七姐妹之称，载入《中国玉米志》。棉花以民国 31 年（1942 年）引入的德字棉为主。县农林场在六敖健康塘设立特约农业区，于 1942 年进行中美棉品种试验，有脱字棉（美）、德字棉（美）、百斤棉、长丰棉、孝感棉及本地棉等 6 个品系，以脱字棉产量最佳，亩产 48 公斤。

表 1-1　1911—1949 年（民国时期）台州府各县主要作物品种

作物	临海	黄岩	温岭	玉环	仙居	天台	三门
早稻	六十日、随犁归、白婢暴、赤婢暴、八月白、倒水赖、旱棱、五〇三、五〇四、龙凤尖、中性白、余姚白	六十日、红六十日、白六十日、广东白、琅玑白、二仁白、中性白、早白、早糯、小暑白、天花落、五〇三	小暑白、中性白、老黄米、福建白、广东白、狼蓟白、迟白、早稻糯、五〇二、五〇五	六十日、小暑白、早白、迟白、早红、三夜齐、时里嵌、广东白、早稻糯、晚红、水红、缩颈早、五〇三、五〇四、五〇五、叶里坑	黄岩早、兰溪白、缩头红、金裹银、六十日、八十日		
中晚稻	6144、4619、大荆白、宁波白、红须粳、早糯、晚糯、矮糯、冷水糯、乌节糯、白糯、黄皮糯、胭脂糯	中稻：长红、高洋白、八月晚、秋白、花秋。晚稻：京城、粗茁白、细茁白、长秆红、矮秆红、红京成、白京成、三夜齐、短芒、红芒、光头晚、八月糯、黄糯、白壳糯、乌嘴糯、红毛糯、荔枝糯、黄板糯	史籼京仁、三夜齐、细秆晚、粗秆晚、光头晚、红芒晚、黄糯、黄壳糯、黄板糯、红壳糯、乌嘴糯、乌孙糯	细秆京、粗秆白、老鼠牙、红京仁、冬谷、冬青、红芒晚、白芒晚、光头晚、乌嘴糯、白壳糯、红壳糯、乌狲糯、晚籼九、4584、4556、早楞、老疏赤、洛阳青、湖广白、金裹银	齐头黄、薄荷稻、迟矮黄、壶镇稻、黄山稻、温州青、花秋、老来青、红须粳、冬青、早糯、真糯、长秆红、霜下晚、冷水青	长秆红、长秆白、杨花秋、香籼、百廿日、红米晚籼、大秆京仁、硬壳红、野猪粳、霜下晚、红糯、黄皮糯、大叶竹、细糯	白米花秋、红脚稻、大头红、梅至红、百胡西、野猪粳、白壳糯、红壳糯、乌金糯、独根糯、白壳粳、堆堆粳

续表

作物	临海	黄岩	温岭	玉环	仙居	天台	三门
小麦	四号、十七号、洛阳青、早赤麦	美国玉皮麦、矮粒多、南大2419、方蒲早黄、蜈蚣麦、长青、大蒲	蜈蚣麦、府麦	白蜈蚣、红蜈蚣、光头麦、火烧头	大头龙须、红壳龙须、火烧赤、洛阳青	光头麦、火烧麦、大粒麦、松花蒲、洛阳青	早小麦、赤光头、洋麦、红须、白须、白麦、洛阳青、大田白麦
大麦	红六棱、早红钳、浦江大麦	白蒲六棱、谷雨麦、长二麦、六角麦、四棱红蒲、白蒲	六棱红大麦、四棱长麦、泥鳅麦、六棱米麦	白大麦、红六棱、红筋六棱、四棱长麦、谷雨黄	白皮大麦、红皮大麦	红钳六棱、白钳六棱、裸麦	红筋米麦、六棱米麦、扁箕大麦
甘薯	红皮白心	广东六十日、红皮白心	广东白皮、红毛、红皮六十日、黄皮六十日、红皮白心	六十日、红皮白心、黄皮红心	红皮白心	红皮白心、红皮黄心、白皮白心	红皮白心、黄皮白心、六十日
玉米	满蒲金				六十日、八十日、一百日、百廿日	本地百日、百廿日	三门红玉米
大豆			小毛豆		大白豆、小毛豆、青皮豆、乌豆	黄皮豆、青皮豆、褐皮豆、花皮豆、黑皮豆	
棉花	脱字棉、孝感棉	中棉、美棉、本地棉、长丰棉、孝感棉、脱字棉	本棉、德字棉、斯字棉、孝感棉、长丰棉	绿娘棉、德字棉、斯字棉	孝感棉、本地棉、脱字棉		本地棉、德字棉、脱字棉、百斤棉、长丰棉、孝感棉
油菜		白菜型油菜	白菜型扁白营田种	白菜型本地油菜	白菜型油菜		
甘蔗		爪哇糖蔗、平阳竹、平阳果、福建糖梗	小糖梗、度糖梗	小糠梗	小糖梗、		

作物	临海	黄岩	温岭	玉环	仙居	天台	三门
其他			南瓜： 太平县瓜、 肉心瓜、 捣白瓜、 金瓜。 西瓜： 乌皮、 花皮、 大红花		毛芋： 红芋、 白芋、 乌脚芋、 红花芋、 乌紫芋、 长老芋、 水芋。 花生： 大荚种。 紫云英： 满地红	苎麻： 天台南山 麻。 花生： 小红毛	

1949 年后种子工作历程

1949 年以来，各级政府重视良种选育、引进、繁殖和推广工作，农作物优良品种的推广和更新速度较快，对台州粮食、棉花、油料和蔬菜瓜果的增产、提质起到了重要作用。70 多年来，国家在不同时期对种子的选育、引种、繁育、推广制定工作方针，大体上分为四个时期。

一、就地发掘良种，就地繁育，就地推广时期（1950—1958 年）

20 世纪 50 年代，我国政府提出"就地发掘良种，就地繁育，就地推广"的方针，以群众自留互换为主，国家购贮供应为辅。1950 年 7 月，浙江省政府发布《关于开展群众性水稻选种运动及收购水稻良种的指示》，推动群众性良种选育工作。1950—1952 年，浙江省种子公司组织开展以县为单位，以乡为基点，自下而上的各地丰产评比，逐级评选优良农家品种。

《台州专署种子站 1952 年度总结》记述："良种良法已成为各互助组、农业合作社及劳模丰产户的迫切需要，在良种示范推广及开展普遍评选良种的基础上，渐渐由点到面推广水稻良种五〇三、天花落，小麦良种浙农 17 号。"群众性评选以临海、黄岩为重点，黄岩县评选出斜八箩、高阳白、中秆叶下坑等水稻品种，温岭、三门、天台、仙居、海门都开展乡选种。据统计，台州地区水稻片选 1493290.5 公斤，穗选种子 1010812 公斤，换种 100945.5 公斤；小麦片、穗选 269884 公斤，换种 19019.5 公斤。在收购方面，台州地区收购五〇三良种 44653 公斤，高阳白 1000 公斤，中秆叶下坑 4000 公斤，大秆白 3997 公斤，小麦浙农 17 号 386.5 公斤。备荒种子 117329 公斤。在示范繁育方面，在双季稻区农场或互助组建立水稻良种五〇三示范繁殖区，包括黄岩农场，温岭农场，临海涌泉区农场，临海连盘区桃渚乡徐关根、柳品湘互助组，共 278 亩。小麦在临海双港区农场、天台县农场示范繁育，以及在互助组繁殖，其中浙农 17 号示范 313 亩、矮粒多示范 198 亩、九三九试种 105 亩、浙农 9 号示范 312 亩。

1953 年，浙江省农业厅连续发布指示，并根据农业部制定的《五年良种普及计划》，相应制定了《浙江省种子改良五年计划纲要》，要求家家选种、户户留种，自下而上开展良种评选，就地推广应用。当时境区各乡村都建立选种委员会，划区分片调查农家品种，发动群众比庄稼、比收成、评品种，带领农民选留种；并组织群众换种，改农家品种为地方优良品种。对购买种子有困难的农户，给予无息或低息贷款。群众间串换良种，以自愿互利为原则。

合作化后，农业生产合作社普遍以合作社为单位建立稻、麦等作物种子田，繁育本社所需种子。境区 80% 农业生产合作社，30% 互助组设立种子田以选种、留种。合作社推选有经验的社员作为种子管理员，组织群众就地穗选、片选留种和相互串换种子，推广优良农家品种。穗选种子作为种子田用种，种子田进行单本或少本插，栽培管理做到精耕细作，收割前再穗（株）选种子，留作翌年种子田用种。

1955 年，台州专署设立种子管理站；1956 年，各县建立种子管理站。县种子站与各区农技站指导农业社选种、留种、换种；并普遍建立品种比较（品比）试验田，引进、示范各地良种种子，推行良种良法的栽培技术，以及协助粮食部门调运种子，满足耕作制度改制的需要。收获季节各地召开良种评选现场会，评选有发展前途、适应当地生态条件的良种。

20 世纪 50 年代后期，浙江省农业厅组织黄岩农校学生，分春、夏、秋三季，开展农家品种调查与选集工作。据浙江省农业厅《第一个五年计划种子工作总结》中记述，当时黄岩、临海等地良种基本得到普及。

各县当时选留种的概况如下。

1. 黄岩县

新中国成立以后，国家在农业上十分重视早稻的生产，组织开展早稻品种的筛选利用工作。当时评选出的种子有：早稻，黄岩斜八箩、矮脚白、细秆白长红、华白；晚稻，黄岩大京白、高阳白、粗秆叶里康、中秆叶下坑、粗秆白。这些评选的品种得以较大面积推广。

1952 年，互助组时，路桥农民杨匡保开始了选种。1953 年，他从洪家兆桥朱家店村王贤桥家引进早稻南特号种子（原从江西农学院引进）；1956 年，从浙江省农业厅种子处引进早稻陆财号；1957 年，从广东揭阳县引进早稻矮脚南特号。1957 年 7 月，长江中下游湖南、上海等 6 省市代表参观和考察路桥镇第一农业生产合作社建立的种子田。1958 年 1 月，浙江省农业展览会介绍和推广该社建立种子田的经验，国家肯定了这一经验。杨匡保被誉为"种子状元"。

黄岩县重点推广的早籼五〇三的种植面积在 1955 年占早稻面积的 65%，1957 年占早稻面积的 73%。1953 年引进试验的南特号在 1957 年占早稻面积的 12%。1958—1961 年推广的早稻品种有陆财号、矮脚南特、有芒沙粳、矮脚川大籼，其中有芒沙粳种植面积达到 28.95 万亩，同时减少了早籼五〇三的种植面积。1949—1960 年，早稻面积 616.95 万亩，年均 51.41 万亩，平均亩产量 160 公斤，早稻占同期粮食总产的 42.44%，占水稻总产的 47.6%。其中，1958 年早稻亩产量 205.5 公斤，比 1949 年增产 90.28%。

2. 临海县

1951 年，临海县建立了以繁殖稻麦良种为主的筱溪农场，包括 4 名干部、500 亩土地。1952 年，杜桥、涌泉、双港、东塍等 4 个区建立以稻麦品种为主的区试验农场。1953 年，县农业技术指导站内设种子股，配备 4 名干部，负责良种推广和选育。1954 年，临海县建林桥农场，以场育种。1957 年，筱溪农场划归台州地区原种场。

其间，征集粮食作物品种 50 多个，其中水稻品种 16 个，还有甘薯红皮白心、小麦洛阳青、玉米满蒲金。同时推广省内外评选的农家良种 56 个，其中有早稻团头天落花、晚稻宁波白、小麦矮粒多、六棱大麦、甘薯胜利百号等。1954 年 3 月 18 日，县委发出通知，要求各地改变耕作制度，将单季稻改为双季稻，推广早稻品种五〇三；10 月 15 日，县委又发出通知，要求各地积极推广小麦良种矮粒多和大麦品种浙农 17 号。

3. 温岭县

1951 年 1 月，在泽国镇北端建立县农林局场，有耕地 74 亩；1952 年，县农林局场改称县农场，有耕地 195 亩；1959 年，县农场扩至 404 亩，负责引种试验、高产示范与繁育良种。同时有条件的互助组、合作社建立种子田繁育良种，种子田面积为大田的 5%～7%。1956 年，全县有水稻种子田 586 亩，甘薯种子田 202 亩。1957 年，49 个农业生产合作社建立的种子田有 1361 亩。1958 年，选集农家良种 80 多个（种），详见表 2–1。

表 2–1　温岭县 1958 年选集农家良种

作物	品种名称
早籼	迟红、团粒白、黄肿白、早京仁、台湾白、青苗、黄苗、水洋白、黄叶头、迟青、迟白、小暑白、大暑白、中性白、迟稻、狼蓟、早白、三百零、天花白、叶里坑、毛稻、广东白、早红、五〇六、白头、大谷种、湖白
早糯	早稻糯
中稻	八月糯
晚籼	六百靠、红谷、中秆京仁、白壳京仁、红冬、白冬、光头冬、矮千斤、大谷种、大荆白、农民稻、矮脚、早稻、黄种、粗秆京仁、细秆京仁、三夜齐、老鼠牙、虹桥京仁、爆稻京仁
晚粳	孟坑头骑、短芒早籼、矮梗中秆、矮脚芒、晚粳芒珠、长芒早山、光头晚、细秆晚、芒珠、红芒珠、迟冬青、三百粒、过冬青、对芒珠、中秆晚、粗秆毛稻、飞来凤、洛阳青、红芒晚
晚糯	小猢狲、大猢狲、黄壳糯、细秆糯、白壳糯、矮脚白壳糯、乌壳糯、火烧糯、青头颈糯、乌嘴糯、联珠糯、长脚黄糯
大小麦	大麦：红大麦、白大麦、洋大麦、六棱大麦、野大麦、米麦、洋米麦、地六棱、白六棱、田六棱、长四棱、泥鳅麦、乌金麦、六棱裸麦、长麦； 小麦：桐山小麦、白小麦、光头麦、蜈蚣麦、府麦
其他作物	油菜：宁波度种、扁白； 蚕豆：牛踏扁、小籽、中籽； 豌豆：花豌豆、白豌豆； 甘薯：黄皮六十日、红皮六十日、红皮白心、本地番薯、福建番薯、广东白皮、红毛； 秋大豆：白豆、香豆、寒豆、鸡眼豆

4. 玉环县

1951 年，国家贷放玉环县早籼五〇三种子 8500 公斤。1952 年开始，玉环县发动群众进行水稻穗选、片选留种。当年城区穗选 60705 公斤，片选 175325 公斤。其中，楚门区穗选种子占 20%，片选占 65%。1955 年，玉环县提倡建立种子田选种留种制度，种子田收获前，进行穗选和去杂去劣片选，穗选出少量种子做下一年种子田用种，片选的种子做下一年大田用种。1956 年，玉环县开展秋季评选良种运动，提出选种留种"六定、三单"办法，即"定品种、定田、定人、定质、定量、定分"和"单打、单晒、单贮"，以防混杂。楚门区当年穗选良种 27150 公斤，片选良种 227500 公斤，并有 14 个高级合作社建立种子繁育基地 351.16 亩，当年繁育良种 87790 公斤，建立种子田 900 亩。1956 年 9 月，玉环县良种审定工作委员会成立，由金志坚（任正主任）、阮福民（任副主任）及委员 13 人组成。12 月 4 日至 6 日，玉环县第一次良种审定会议召开，确定了本县早晚稻、三麦、甘薯等作物品种 21 个，其中早稻 6 个、晚稻 10 个、大小麦各 1 个、甘薯 2 个、油菜 1 个；当年预约繁殖早晚稻良种 7 个，二、三级良种 38.3 万公斤，购二、三级水稻种子 206409 公斤。其间，群众选育的品种有繁荣稻、祯立粳、福寿一号、无毛稻及坟前稻等。

繁荣稻，于 1953 年由筠岗村农民李日荣选育而成。1956 年，玉环县第一次良种审定会议审定通过，将其列为晚稻推广良种。1958 年，该品种被列为县委推广良种之一，并进行预约繁殖收购，当年收购推广种子 6300 公斤。1962 年、1963 年该品种种植面积占全县晚稻总面积的 8%。该品种曾推广至乐清县。

祯立粳，系晚粳品种，于 1955 年由筠岗村强芷祯、李舜立两人在黄松田中单穗选育而成。1957 年，该品种被列入县品种试验。1958 年，它被列为全县推广的主要晚粳良种之一，当年收购推广种子 2690.5 公斤。

福寿一号，系早粳品种，于 1956 年由原楚门良种场场长孙福寿在新引进试种的有芒沙粳田中单穗系选育而成。1959 年，温州专署颁发给孙福寿种子工作先进个人奖。

无毛稻，系早粳品种，于1955年由清港一农民在早稻田中发现，抽穗后单独选留试种。1958年，县农场将其列入早晚稻品种搭配试验（无毛稻－乌皮京），亩产590公斤。

坟前稻，系晚粳品种，于1956年由清港徐斗村农民黄明实发现并予以单独繁殖。当时，该品种在全县推广，有一定的种植面积。

5. 天台县

天台县历史上没有种植早稻，20世纪50年代中期才引进试种，到1957年早稻种植面积初具规模。引进推广的早稻有早籼五〇三、莲塘早、南特号，晚稻有矮树晚京、晚籼9号，晚粳有老来青，晚糯有红壳糯、西洋糯等。

6. 仙居县

1953年开始，仙居县发动群众对稻、麦、玉米等进行穗选和去杂片选，当年选种3.55万公斤。1954年选种20.37万公斤。1955年，合作社建立种子田，繁殖穗选种子，种子田收割前，进行穗选和去杂片选。穗选出少量种子做下一年种子田用种，片选的种子做下一年大田用种。1955年，全县种子田面积0.87万亩，穗选种子2.41万公斤，片选种子51.18万公斤。1957年，种子田面积扩大到2.35万亩，繁殖种子30.88万公斤。

7. 三门县

20世纪50年代初期，三门县就地选种，就地繁育，就地推广，以群众自留互换为主，国家购贮供应为辅。1955年，全县252个农业生产合作社中有84个合作社建立种子基地。

此时期，各县几种主要农作物品种实现了第一次更换。大麦推广品种包括白蒲六棱、谷雨麦等；小麦推广品种有矮粒多等；引进甘薯品种胜利百号；棉花推广品种为岱字15号（1955年引进），以替换土种棉；油菜推广品种为胜利油菜，以替换本地早油菜。

二、贯彻"四自一辅"方针时期（1959—1978 年）

1958 年，国务院颁布了《关于加强种子工作的决定》，浙江省政府颁发了《关于实现主要农作物良种化的规划》，提出种子"自选、自繁、自留、自用，辅以国家调剂"的"四自一辅"方针。

1958—1961 年，国内掀起了"大搞种子技术革命"的群众运动。各地广泛建立以群众性种子田为主的良种繁育基地，推广穗选、片选留种的方法，形成了场、队、田三级良种繁育体系，即县农场为骨干，公社繁育队为桥梁，生产队的种子田为基础的三级良繁体系，促进了种子工作的良性发展。

浙江省农业厅要求大田用种普遍推行粒选，强调要选"千粒穗、万粒斤"品种，消灭土种。各级政府要求社、大队、小队开展片选大田用种，穗选、粒选种子田用种。这一时期各县"大搞种子技术革命"，自选、自繁种子。

这一时期，在"大跃进"的影响下，瞎指挥现象导致用种量盲目增加，稻麦等作物每季每亩用种量提高到 50 公斤，白白浪费了人力、物力。留选的种子数量不足，不能满足大田生产需要，导致种子大调大运，大田作物品种"多、乱、杂"，甚至将商品粮作为种子。同时，盲目从高纬度地区（北方）引入早粳，造成该季水稻抽穗期提早，空秕率增加，经济性状降低。

1962 年 5 月，国务院颁发《关于做好选种留种工作的通知》，7 月浙江省人民政府印发《关于加强种子工作的指示》，要求坚持"四自"方针，由生产队自力更生，自己选留，根据本队的耕作制度、播种计划和品种搭配，采取穗选、株选、片选留足良种；掌握就地繁育、就地推广的原则；生产队建立种子田，建立种子管理制度；种子部门有计划地收购贮备一批救灾、后备种子。10 月，台州专区农业局印发《关于做好晚秋作物选种留种和购贮良种工作的通知》，要求晚稻每亩留种 5 公斤、甘薯 50 公斤、玉米和大豆各 5 公斤，须多选多留几种良种，以适应不同田块与熟制及满足备灾之需。

1963 年，全台州专区推广"一组三田，（良种）三年到大田"经验，即大队普遍建立由干部、老农、青年组成的科学实验小组，设立"三田"——品种试验田、高产试验田、种子繁育田，使良种繁育、试验与良种良法有机结合，促进品种更新。

20世纪60年代末至70年代，浙江省选育了大批良种，加快了新品种的选育进程，主要农作物品种更替频繁，麦类、水稻、棉花、油菜、杂粮等几种主要农作物品种都得以更新。此时期，台州市县一级种子机构更为健全，开展引进、试验、繁育、推广等系列化良种推广工作。在继续搞好县原（良）种场，公社、大队良种场和生产队种子田的同时，逐步推行在生产大队建立"三统一"（统一繁殖、统一保管、统一用种）的选留种制度，基本实现水稻等作物种子三年一更新（换），麦类等作物种子五年一更新（换）。

1972年，台州专区革命委员会生产指挥组农林水电印发《关于开展"两杂"试种和制种工作的通知》，开展了"两杂"（杂交玉米、杂交高粱）的制种。杂交玉米品种有华威、成单一号、日单二号；杂交高粱品种有晋杂5号、原杂8号、原杂9号、原杂12号、反修19号等。

1973年，良种面积不断扩大，群众性选择繁育工作有所发展。天台县社社建立良种繁育基地，一半以上的生产队设立种子田；临海县涌泉区以一个试验场带动18个基点队，推动全县良种繁育推广工作。

在自选、自繁地方优良品种的同时，台州积极引进、选育外地矮秆优良品种，实现了水稻良种的第二次更新。

1. 黄岩县

在"大跃进"的浪潮下，政府提出了"大搞种子技术革命"的口号，全县开展"千粒穗、万粒斤"的群众性选种运动，队队建立种子田，进行田间选种。以杨匡保、应贤东为群众典型。路桥良一队杨匡保选育出大乌嘴糯等晚稻良种，被誉为农民种子状元。1959年，黄岩县从浙江省农业厅引进晚粳农垦58，并先后引进繁育了陆财号、矮脚南特号等良种，促进了水稻高秆改矮秆的绿色革命。

三甲公社（现属椒江）农民选种家朱宣土与台州地区农科所协作繁育了早籼稻台早5号，还相继选育出早熟晚粳甲农66和晚糯品种甲农糯、甲农辐糯。

据 1959 年黄岩县委文件《大搞种子技术革命情况》记述：全县有 40 万人受 1～3 次选种意义和认识教育，有 1.1 万多人接受选种技术培训，每天平均有 5.5 万人进行早稻种子粒选工作。1960 年 2 月，黄岩县种子局成立，1961 年改为黄岩县种子站（并入农业局），全县各级都建立种子管理机构，确定种子繁育基地 3.7 万亩，做到"社社有良种场，队队有种子专业队，小队有种子田"。

因早稻矮秆品种比高秆品种的抗倒性增强，增产优势明显，1957 年黄岩县引进矮脚南特并试验。1962 年，矮脚南特种植面积占早稻面积的 12%；1964 年，占早稻面积的 63%，达 46.05 万亩。早稻矮秆品种平均亩产量 273 公斤，比高秆品种增产 35% 左右。1965 年，早稻矮秆品种的推广利用基本完成，随后大批新育成品种被引进、试验、推广。从 1966 年开始，推广的新品种有广陆矮 4 号、圭陆矮、二九青、龙革 13、珍龙 13。1961—1970 年，早稻总面积 460.05 万亩，平均亩产量 272 公斤，早稻占同期粮食总产量的 49.59%，占水稻总产量的 54.80%。

1976 年开始推广杂交水稻，实现早稻、杂交晚稻的连作生产方式，早稻主导推广品种有广陆矮 4 号、龙革 13、珍龙 13、军协、温选青。1978 年，从浙江省农科院引进试验的早稻新品种青秆黄比对照品种军协增产 4%，1981 年该品种种植面积占早稻面积的 51.7%。1971—1980 年，早稻总面积 451.95 万亩，年均 45.20 万亩，平均亩产量 348 公斤，占同期粮食总产的 47.32%，占水稻产量的 53.80%，其中 1978—1980 年早稻亩产量超过 400 公斤，1979 年亩产为 424 公斤。

2. 临海县

1959 年 8 月 7 日，县委在关于 1959 年粮食增产 10 项措施中提出"实现良种化，队队建立种子田和种子专业队"。各乡大部分村按县委文件精神，建立种子田，并组织群众，在稻麦收割前片选、穗选种子，播种前又进行粒选，确保好种子下田。当时全县建立县、公社良种繁育场 10 个，管理区良种繁育分场 62 个，生产队种子专业队 458 个，合计基地面积 2.74 万亩，占全县粮地

面积 10.5%。县、公社良种繁育场担负品种区试和筛选接班品种的职责；良种
繁育分场和专业队则负责示范良种。

1960 年，地属的大田劳改农场下放给临海，改称为临海良种场，林桥农
场并入此场，合计面积 2867 亩。当年，杜桥区在杜桥南边划出近 600 亩土
地，建立杜桥良种大队。

1962 年，全县 260 个大队（村）都设良种生产队（时称试验队）。与此同
时，县农业局内设的种子股在 1959 年升格为与农业局并列的县种子局，局下
设种子公司。

1976 年，临海县从湖南省引进籼稻杂交晚稻品种南优 2 号、汕优 6 号，
在 38 个单位（包括农场和生产队）成功试种 54 亩。次年，杂交水稻种植面
积扩大到 5344 亩（其中早稻 251 亩、中稻 455 亩、连作晚稻 4637 亩）。自此
至 1979 年，每年有 4～6 名农技干部到海南繁殖杂交水稻种子，回县后又到
各大队专业农科队指导繁殖种子，使杂交水稻面积迅速扩大。

3. 温岭县

县政府要求社、队、户开展片选大田生产用种，穗选、粒选种子田用种。
1958 年 10 月，城南、泽国、楚门、玉城、陈屿、坎门等人民公社分别成立公
社良种繁育场，有耕地 4303 亩，其中水田有 3288 亩（含玉环）。1959 年，城
关、温西、城北、大溪、新河、箬横、松门等人民公社也建立公社良种繁育
场，共计耕地 4499 亩，其中水田 3735 亩，负责良种繁育，至 1962 年体制下
放，各公社良种场解体。

1959 年，种子模范陈继铭选育出水稻品种莞渭一号、莞渭二号；劳动模
范应守照选出品种守照一号；时任副县长匡毅、副书记高怀举亲自参加田间
穗选种子，副县长匡毅选出品种跃进、红旗。玉城农科所、农技站培育出 600
粒以上的大穗品种 14 个，700 粒以上的大穗品种 3 个，800 粒的大穗品种 2 个，
其中最多的有 1029 粒。

1960 年为突击繁育种子，县农场改称良种繁育场，有耕地 181 亩。1962
年统计，全县共片选早稻种子 170.9 万公斤，晚稻种子 174 万公斤。

1969年，山市公社金岙大队办起全县第一个种子专业生产队，有种子繁育田10亩。此后各大队仿效，划出旱涝保收田，抽调生产能手，组成种子专业队。1970年，新建公社下建、中岙张两个大队成立种子专业队。1971年，麻车屿、上洋、烂田湖、念姆洋等大队建立种子专业队。至1973年，全县建有种子专业队23个，繁育田401亩；未建种子专业队的生产队设立种子田6000余亩，繁育所需良种。

1974年，县农林局印发《关于建立联办种子队和种子田的通知》，介绍了新建公社下建大队自1970年开始建立种子队的经验（种子队的建立有利于良种的引进、繁育、推广、提纯复壮），要求各公社建立几个联办的种子队，每个生产队建立种子田，广泛开展以良种为中心的群众性科学活动。当年初，全县组织180人、60台稻耙，巡回各地，帮助生产队筛选种子。1975年统计，全县有70%生产队穗选晚稻种子，总计5.625万公斤。

1975—1982年，温岭县6次组织去海南和福建龙海繁育杂交种子。1978年，为加速杂交水稻的推广与普及，县种子站和种子公司在东片农场、东浦农场、松门农场和土坦乡桥浦村建立特约繁育基地2000亩，繁育的杂交水稻种子由县种子公司统一购销。当年，全县杂交水稻制种总面积6902亩，亩产55.8公斤，制种主要组合为汕优6号，其制种面积为3866亩。

4. 玉环县

1962年6月，县农场改为良种繁育场。4个公社（相当于现在的区）建立良种繁育场，部分管理区（乡）建立繁育分场和生产队（村）种子专业队，形成初具规模的良种繁育网。楚门区当年建立繁育场1个，繁育分场12个，种子专业队99个，良种繁育基地共3276.5亩。县、社良种繁育场担负品种区域试验示范，并繁殖国家收购推广的良种。

1962年体制下放，全县良种场全部恢复为生产大队和生产队。1963年，全县开展群众性选留种工作，层层召开良种评选会议，参加人次如下：县区级8636人次，社级3724人次，大队级6265人次，赴县外167人次。当年，全县春粮穗选30700公斤，片选185771.5公斤，占春粮总留种量的71.5%；早稻穗选 21300.5 公斤，片选 257225.5 公斤，占早稻总留种量的 51.3%；晚稻穗选 39521.5 公斤，片选 153857.5 公斤，占晚稻总留种量的 51%。甘薯块选留种。除县良种场外，还特约生产条件好、种子工作先进的 6 个大队繁育良种，面积达 500 亩，预约繁育早稻种子 11 万公斤，晚稻种子 7.5 万公斤，春粮种子 2 万公斤。

70 年代前期，由生产队留种发展到以生产大队为单位留种，建立种子专业队（称联办种子队），实行大队统一繁殖、统一收购，播种前统一供应种子。办得较早较好的有良种大队、山北大队、筠岗大队、双郏塘大队、王家大队、桃花岭大队。

1975 年冬，解放塘农场职工李治沈参加台州专区农业局组织的首批赴海南制繁种。1976 年冬，由周买棣、王万美领队，组织农民技术人员共 10 人去海南进行杂交水稻制繁种，制种面积 30 亩。1976 年开始，对杂交水稻种子实行由县统一计划、统一收购、统一供种，县种子公司选择生产条件好的村为常规种子特约繁种基地（计 610 亩），同时选择热心繁种工作、有技术、有权威的 8 人为代表户，当年签订繁种合同 16.9 万公斤。1977—1978 年，杂交水稻在海南繁种，县内制种。1977 年，公社（乡）统一定片实行队制，生产的种子由县统一调配。1978 年，杂交水稻以队制为主，试行社制。当年，社制 69.15 亩，占制种总量的 4.6%。

5. 天台县

20 世纪 60 年代天台县有 36 个公社，907 个大队（村），耕地面积 32.2 万多亩，引进以矮脚南特号、早籼五〇三、莲塘早为主的早稻品种，并引进珍珠矮、二九矮、印尼矮、爱武、农垦 58 等晚稻品种。1963 年，实现早稻品种矮秆化。1973 年，全县的良种繁育推广体制逐步形成，各公社都建立良种繁育基地，一半以上的生产队设立种子田，1975 年起试种杂交水稻，先后 3 次去海南进行杂交水稻制种，1977 年起自制自用。

杂交水稻制种最多的年份为 1983 年，计 0.24 万亩，总产 214 吨，亩产 89.2 公斤，种子自用有余，调出 88 吨。

6. 仙居县

1959 年，全县共建立县、公社良种繁育场 10 个，管理区良种繁育分场 62 个，生产队种子专业队 458 个，合计基地面积 2.74 万亩，占全县粮食耕地面积的 10.5%。县、公社良种繁殖场还担负品种区域试验和筛选接班品种的任务。良种繁育分场与种子专业队则负责示范良种。自 1959 年引进矮脚南特号至 1964 年，据 44 个大队调查，矮脚南特号种植面积共 884.2 亩，亩产 325.6 公斤，比陆财号、江南 1224、早籼五〇三增产 23.1% ～ 58.8%，因而成为当家品种。

1970 年起，由县良种场提供原种或一级良种，选择生产条件较好、生产经验较丰富的生产队进行特约繁种。

1976 年，引种并试种杂交水稻，同时着手秋季制种。因当时母本（不育系）、父本（恢复系）种子由海南繁殖提供，运至本地已是六月初，根据气候条件，只能进行秋季制种。当年制种面积 140 亩，共生产种子 2765 公斤，其中南优 2 号占 70.6%，南优 6 号、南优 4 号、矮优 4 号等 13 个组合种子产量占 29.4%。1978 年，杂交水稻种子转以汕优 6 号组合为主。1976—1978 年，对于杂交水稻，公社（乡）统一定片制种，生产的种子由县统一调配。1979 年开始，对于杂交水稻种子，县统一计划、统一制种、统一收购、统一供种。1978 年开始，杂交水稻制种转为夏季制种，以汕优 6 号组合为主。1978 年至 1985 年，县种子公司就地收购良种 307 万公斤，收购的良种除供应本县外，还调出 41 万公斤。

推广的其他农作物品种包括大麦、小麦、玉米、大豆、蚕豆、马铃薯、甘薯和油菜等。

大麦：50 年代推广的大麦品种有本地六棱大麦、萧山立夏黄；60 年代有无芒六棱；70 年代有天津米麦、早熟 3 号。

小麦：1949 年前推广的小麦品种有洛阳青、大头龙须；50 年代有矮粒多、南大 2419；60 年代有矮洛阳、吉利、上徐红、山农 205、农林 16；70 年代有矮秆红、引种 68、浙麦 1 号、浙麦 2 号、扬麦 1 号、丰产 3 号、三月黄。

玉米：50年代初，种植的玉米品种有六十日、八十日、一百日、百廿日等；50年代引进玉米品种磐安黄子；70年代后期引进旅曲、丹玉6号、浙单1号、虎单5号、双三等杂交玉米；80年代前，仙居县主要种植夏秋玉米，年种植面积1.28万亩，年均总产量2578吨。在杂交玉米制种方面，1973年县试种杂交玉米浙单1号，同时安排该组合制种1.4亩，亩产杂交种子40.5公斤。1974年，杂交玉米制种面积扩大到224亩，并增加了丹玉6号组合。1975年，杂交玉米制种面积扩大到414亩，收种子3.63万公斤。1976年杂交玉米得到普及，全县种植3.95万亩，占玉米总面积的64.7%。1977年引进生育期较短的虎单5号，春季制种并用于当年秋季大田种植。1978年为玉米制种面积最大年，为1781亩，生产种子13.93万公斤。

大豆：大豆按种植季节可分为夏大豆、秋大豆、冬大豆（田埂豆）等。仙居县以种植夏大豆为主，50年代主要种植品种有大白豆、青皮豆、括拆豆、乌豆、六月豆、小毛豆等；60年代引进兰溪大白豆和青皮豆；70年代引进泰兴黑豆和五月拔。

蚕豆：50年代沿袭种植的品种有大健蚕豆和自健蚕豆；60年代引进慈溪牛踏扁。

马铃薯：50年代沿袭种植的品种有本地黄皮种和红皮种；60年代从黑龙江引进克新1号。

甘薯：50年代种植品种有本地红皮白心（六十日）；1956年引进胜利百号；70年代引进红头8号、荆选4号、红红1号。

油菜：50年代种植品种为白菜型本地油菜；1956年引进甘蓝型的胜利油菜；70年代引进九二油菜、浙油7号、九二13系等。

7. 三门县

20世纪60年代引进以矮脚南特号、团粒矮、青小金早为主的早稻品种，其中矮脚南特号为当家品种。1965年，全县实现早稻品种矮秆化。同期引进珍珠矮、二九矮、印尼矮、爱武、农垦58等晚稻品种，实现晚稻良种化。1976—1978年，三门县3次组织人员去海南陵水学习繁育杂交种子技术。

1978 年，为加速杂交水稻的推广与普及，县种子公司首先在珠岙、海游悬渚建立了杂交水稻种子繁育（制种）基地，此后全县其他地方相继建立了繁育基地，繁育的杂交水稻种子由县种子公司统一购销。

三、实施种子工作"四化一供"时期（1979—2000 年）

20 世纪 70 年代后期，台州地区、县二级相继建立种子公司和种子生产基地。1978 年，中央政府提出：建立健全良种繁育体系，实施种子"四化一供"，即种子生产专业化、加工机械化、质量标准化和品种布局区域化，以县为单位组织统一供种。规定推广品种须经过省、地级品种审定机构审（认）定，同时经过区域试验，并按照品种适应性，实行区域化种植。

根据"四化一供"要求，各县坚持统筹规划、因地制宜、合理布局的原则，在充分发挥品种、技术、设施和管理潜力的同时，增加投入，积极培育和引进优良品种，强化良种繁育和推广体系建设，要求规模和效益齐头并进，使种子生产、加工和经营逐步走上规范化轨道。

1979 年后，在良种经营方面，在坚持为农业服务的前提下，台州地区提出加强经济核算，提高经营管理的原则。县种子公司实行企业管理，实施两个包干（财务包干、经营盈亏包干），力求扭亏转盈等。1983 年，浙江省农业厅、粮食厅发出了《关于部分良种试行议购议销的联合通知》，对部分良种实行议购议销。1984 年，种子公司由行政管理型向经营服务型转变，良种经营实行微利服务。1986 年，实施种粮脱钩，分开经营，放开蔬菜及小宗作物种子价格。1988 年，种子公司进一步转变职能，树立"围绕服务搞经营，搞好经营促服务"的思想，推行经营责任制。80 年代后期，浙江省政府决定由商业部门兼管蔬菜生产管理，种子经销改由农业部门负责，县种子公司开展蔬菜、瓜果种子经销业务。

80 年代，家庭联产承包责任制的实行促使原有的场、队、田三级和大队"三统一"繁育体系基本解体。为适应形势，台州地区建成以县市区为单位的三级繁育（县良种场生产原种，国家基地生产一级种子，乡村种子专业队和种子专业户生产二级种子）、二级供种（一级：县市区种子公司。二级：乡村种子专业队和种子专业户）体系，实行种子专业化生产。统一供种力度加大后，种子经营量增加，良种面积扩大，育种水平提高，新品种数量增加，促进了农业生产的发展。

推广杂交水稻后，开始自行繁种、制种。1980年，在东片农场集中繁殖不育系，但春播遇低温，造成烂秧，因此又进行了秋繁。当年制种产量高，除供应1980年种植外积压350多吨。1981年繁种多出不育系种子25多吨，但制种后期遇低温、风灾、水灾，比原计划减产10%，缺种250多吨。

1982年3月，台州地区行署批转台州地区农业局印发《关于杂交水稻"杂种"生产的问题和今后意见》，根据上几年繁种、制种情况，提出常年贮备，以丰补歉，由国家收购部分不育系种子与杂交水稻种子，逐步健全杂交水稻繁、制、收、存、供系统。8月，浙江省政府批转省农业厅《关于加强杂交水稻繁种、制种生产的意见》，要求进一步建立和健全繁种、制种体系，由县统一制种、统一供种，逐步实现制种生产专业化；要有一定数量的良种贮备，贮备数量占供应量的15%。

1984年，国家向农民供应种子，按本县粮食同级收购价加管理费供应；外县调入的种子，运输费摊入供应价。国家收购良种，按本县粮食同级购买，作价加分级加成，并有一定的化肥奖励；对特约良种繁育基地，给予化肥补助，生产的合格种子全部收购。

1985年，台州地区推广早稻优质品种1183亩，晚稻优质品种1万亩，杂交西瓜4000多亩。1986年，推广早稻优质品种3000亩，成立早杂优攻关协作小组。1987年，建立县级良种繁育基地28060亩，建立乡村繁育基地62个935户6191亩；繁育杂交水稻制种组合10个，制种面积7605亩，总产854吨；种子公司收购、调入种子3450吨，推广良种2535吨，实现种子销售利润53.19万元。

1986年、1987年农牧渔业部提出种子管理要加强法制建设，种子生产要实行"三证"（种子生产许可证、种子质量合格证、种子经营许可证）管理。

种子公司由单一经营粮食种子扩大到综合经营。

1989 年，台州地区建立健全地级良种繁育基地 1456 亩、县级 23917 亩、乡村种子基地 27377 亩，增加良种 39 个、制种面积 56.23 万亩。其中杂交水稻制种面积 10025 亩，总产 796 吨。种子公司收购、调入种子 4631 吨，推广良种 3285 吨。

20 世纪 90 年代，种子管理更加规范。1990 年，台州行署办公室转发台州农业经济委员会《关于粮食作物良种繁育体系建设的意见》（以下简称《意见》）。《意见》提出，以专业化、商品化、统一供种为方向，实行繁殖、供应、推广相结合，逐步形成以国家种子公司为主体，区乡种子供应点为基础的良种繁育推广体系，促进"四自一辅"的传统经营方式向"四化一供"转变。杂交水稻种子坚持省提、地繁、县制；常规稻麦种子和旱粮以县为单位，实行三级繁种二级供种，即县原种场生产原种和一级良种，县种子公司在农垦场和乡村建立特约繁种基地，生产供繁殖大田用的等级良种；乡镇建立繁殖村与繁殖户，生产二级良种，供应农户。当年，全台州地区已建立的地级良种繁育基地 957 亩、县级 29256 亩、乡村种子基地 31994 亩，生产良种 4165 吨；杂交水稻制种面积 12674 亩，总产 853 吨；推广的粮食作物良种面积 123 万亩；提纯复壮良种 23.4 万亩；种子公司引进试种新品种（品系）组合 56 个；新建种子门市部 9 个，落实合同定购种子粮 1510 吨。

1991 年，农业部颁布《中华人民共和国种子管理条例农作物种子实施细则》；浙江省农业厅下达《浙江省农作物种子"三证"管理办法》和《浙江省果树种子苗木管理暂行办法实施意见》。当年，台州地区建立良种繁育田 10643 亩，繁育优良品种 46 个，推广面积达 138.17 万亩，其中推广早稻浙 733 等优良品种 54 万亩，晚稻汕优 10 号、协优 46、秀水 11 等 100 万亩；推广旱地春玉米，改老三熟为新三熟；扩大经济作物良种推广面积，棉花品种中棉 12 推广种植 5.90 万亩，西瓜新红宝等良种推广 3.65 万亩，蔬菜良种统一供种 10.11 万亩。

1993 年，浙江省政府办公厅转发农业厅《关于加强农作物种子管理工作意见》等。同年，台州地区调整了良种经营政策，良种经营实行种粮挂钩，取消化肥补贴，种子按质论价，随行就市。是年，台州地区早籼舟 903、嘉兴 6 号优质稻面积达到 8.32 万亩，浙 733 中质米达 70.27 万亩；台州地区农科所培育的优质中籼品系玉粘第一年成功试种 1000 亩；推广甘薯品种瑞薯 1 号 8 万亩。

1995 年，台州全市引进农作物新品种 30 多个，建立早稻良种示范方 59 个，推广浙 733 和舟 903 等当家品种，晚稻基本实现中优质化，推广粮、棉、油、绿肥新品种 93.17 万亩，建立良种繁育基地 2000 亩左右。早优 49 辐参加浙江省早杂优区试，产量居参试组合首位；早红突不育系通过省级鉴定；晚粳台 202 得到农业部科技攻关奖励。

1996 年各级种子公司供应中优质稻麦良种 1600 吨，全市良种覆盖率达 95% 以上。

各县市区实施"四化一供"概况如下。

1. 黄岩县

1978 年，黄岩县成立黄岩县种子公司；1979 年，列入农牧渔业部种子"四化一供"试点县，建立了三级繁育、二级（县种子公司与社队种子专业队）供种体系，实行种子专业化生产。同年，上级拨款 94.5 万元，在城关新堂、路桥马铺、蓬街四新建造 3 座种子仓库，种子贮藏量 6500 吨，于 1981 年建成投入使用，公司下设新堂、路桥、四新 3 个种子中心站。基本实现水稻品种三年一更新，麦类等品种五年一更新。1994 年，建立黄岩市稻麦新品种引种试验点，在路桥镇设市原种场，试验面积 20 亩，投资 30 万元，设施有挂藏室、考种室、办公室、检验仪器、烘干设备等。

2. 椒江市

1981 年，黄岩县海门镇划出设立椒江市，境内双杂种子在 1983 年开始由省种子公司统一组织提纯，地区组织繁种，县级集中连片制种和统一供应，保证了杂交水稻种子的数量和质量。棉花种子由椒江农场繁育一、二代原种后，使用轧花机加工，统一由种子公司供种。油菜、绿肥种子由浙江省种子公司在鄞县、奉化、宁波等地特约生产，再统一收购，计划供应。

1985 年，椒江市强化了种子管理工作，成立了椒江市种子公司。1989 年，市政府根据上级规定制定了种子管理、生产、经营、检验的实施政策，使种子工作纳入"以法治种"轨道。椒江市种子公司在 1989 年新建种子仓库 300 平方米，并设立品种试验田、杂交水稻制种田和特约繁育基地。1994 年又在三甲建立"江南种子站"，新建仓库，配备加工设备，为种子专业化生产创造条件。

20 世纪 90 年代，除双杂种子生产技术要求较高，需统一制种、统一供种外，其余种子全部放开多渠道经营。放开经营的种子从粮油扩展到棉花、蔬菜、绿肥、瓜果等。椒江市种子公司每年供应杂交种子约 40 ～ 50 吨。

3. 临海县

1980 年，全县杂交水稻种植面积达到 36.8 万亩，制种面积 8015 亩。1987 年，种子生产基地面积达 9900 亩，选育品种 11 个，种子收购量为 1920 吨，其中杂交水稻种子 270 吨。临海县农科所于 1991 年和 1998 年分别选育出大麦 68、临麦 32 两个新品种。

4. 温岭县

1980 年 4 月，泽国公社和石粘公社的 151 个生产队成为预约繁种、预约收购、预约供种的"三预约"试点，后因灾未能完成计划。尔后，温岭县仅在杂交水稻种子上坚持实行"四化一供"方针，贯彻"省提、地繁、县制"的原则；对常规种子仍续贯彻"四自一辅"方针。1984 年曾将杂交水稻制种"县制县供"原则改为"社制、区帮、县辅"，1986 年又恢复"县制县供"。县原种场 1981—1987 年繁育早稻原种 4.7 吨，早稻一级良种 4.4 吨、二级良种 92.8 吨、三级良种 115.15 吨，晚稻二级良种 112.75 吨，春粮二级良种 23.04 吨、三级良种 13.2 吨，油菜良种 6.91 吨。

"四化一供"期间，温岭县开展良种的高产栽培研究。1995 年，《舟 903

高产栽培技术研究与推广》项目获省农业厅技术改进奖三等奖。

5. 玉环县

1979 年开始，玉环县杂交水稻实行地繁县制，队制社制并举，积极发展社制，由县统一计划、统一收购、统一供种。当年，杂交水稻社制面积 350 亩，占制种总面积 27.8%。1980 年，杂交水稻社制面积 559.3 亩，占 45.5%；队制 668.4 亩，占 54.5%。由于制种技术的普及，生产责任制的落实，土地承包到户，1981 年开始玉环县发展联户制种和个人承包制种，县"三统一"不变。当年杂交水稻联户制种 272.7 亩，占制种总面积的 29.7%。1982 年，杂交水稻个人承包制种 180 亩，占当年制种总面积 16.8%。随着家庭联产承包责任制的进一步完善，杂交水稻制种自 1985 年开始全部实行联户制种和个人承包制种。随着土地承包到户，至 1994 年大队种子队全部解体。

6. 天台县

1973 年，天台县建立良种繁育基地，1975 年起试种杂交水稻，1977 年起自制自用。先后在原螺溪乡和尚文村、岐头村、传教村，原祥明乡张家桐，原义宅乡新楼村等地建立杂交水稻制种基地，所制品种（组合）以汕优 6 号、汕优 10 号、协优 46、Ⅱ优 62-16 为主。杂交水稻制种最多的年份为 1983 年，计 0.24 万亩，总产 214 吨，亩产 89.2 公斤，种子自用有余，调出 88 吨。1990 年，上级拨款 20 万元，在坦头镇、平桥镇新建造 2 个种子中心站。

7. 仙居县

1980 年，仙居县普及汕优 6 号组合，产量比常规稻亩产增加 15%～20%。1981 年后，仙居县杂交水稻制种全部转为夏季制种。1982 年制种面积扩大到 4116 亩，后随单产的提高，面积缩小；1985 年后，年制种面积保持在 1500 亩左右。1985 年，引制汕优 63、汕优 64。1988 年，试制汕优 10 号；1989 年，始制 D 优 46；1990 年，全县制种组合有汕优 10 号、D 优 46、汕优 63、汕优 64。

1989 年起，由县种子公司建立山区紫云英（宁波大桥种）繁种基地 3100

亩，被列为省种子公司联营基地，以供应本县为主。

推广的其他农作物品种包括大麦、小麦、玉米、大豆、蚕豆等。

大麦：20 世纪 80—90 年代初期推广浙皮 1 号；其后主要品种有浙啤 1 号、浙农大 2 号、浙农大 3 号、花 30 等。

小麦：80 年代初推广小麦品种 831，831 小麦由下各镇山下英村农民顾西和于 1983 年从矮秆品种中株选培育而成。80 年代中后期至 90 年代初期推广高产型品种，主要包括浙麦 2 号、浙麦 1 号、扬麦 4 号、宁麦 3 号、温麦 8 号、宁麦 6 号、352 等。1996 年引进优质良种温麦 10 号，此后成为当家品种。90 年代引进的优质高产品种还有浙丰 2 号。

玉米：1979 年，杂交玉米种植面积扩大到 5.6 万亩，占玉米种植面积的 93.3%，基本实现"杂交化"。随着杂交玉米生产的发展，制种组合也不断发生变化。先后引入的制种组合有浙单 1 号、丹玉 6 号、丹玉 7 号、虎单 5 号、旅曲、双三、东单 1 号、中单 206。80 年代推广的玉米品种有东丹 1 号、中单 206、浙单 9 号、苏玉 1 号、丹玉 13、鲁单 4 号、掖单 2 号等。1990 年开始试种春玉米，列入仙居县科学技术委员会"春玉米高产技术研究和推广"课题。后引进种植甜玉米、糯玉米（作为鲜食蔬菜）。至 1990 年，杂交玉米制种面积降至 110 亩，生产种子 10.8 吨，大田用种也由县自制自用为主转为县外调入为主、自制为辅。

大豆：推广的大豆品种有夏大豆、秋大豆、冬大豆（田埂豆）等。以种植夏大豆为主，主要品种为 80 年代引进的矮脚早、浙春 2 号、Q13-6-9 等。1986 年开始，大力推广种植田埂豆；至 1990 年，田埂豆种植面积达 3900 多亩。2000 年引进优质品种乌皮青仁豆等，种植面积 2.28 万亩，总产量达 2486 吨，单产大幅度提高，平均亩产达 100 多公斤。

蚕豆：1979 年从江苏引进启豆一号；1989 年引进慈溪大白蚕；90 年代引进小青蚕。

豌豆：种植的豌豆品种有白豌豆和花豌豆，均是新中国成立前的农家品种；90 年代后期，主推中豌 4 号和中豌 6 号。

马铃薯：80 年代，引进克新 2 号、克新 3 号、克新 4 号；90 年代后期，主推东农 303、荷兰 7 号、中薯 3 号等。

甘薯：80 年代，种植甘薯品种有 218、徐薯 18、南薯 88 等；90 年代后期，主推浙薯 13。

油菜：80 年代主推九二 13 亲选；90 年代后期引进推介浙双 72。

8. 三门县

三门县针对常规种子建立了三级繁育、二级供种体系，实行种子专业化生产；同时实施由生产大队建立的"三统一"（统一繁殖、统一保管、统一供应生产队用种）选留种制度。对杂交水稻种子则采取集中县制的方法，在长浦庄大队、上道头大队、张司岙大队、浦丰大队、沿赤公社小岭下大队等地建立制种基地，实施由县种子公司统一计划、统一技术指导、统一验收、统一收购、统一供应的用种制度。

1981 年，农作物制种面积 1879.87 亩，1982 年制种面积 2132.75 亩。1983 年，县种子公司建立的种子基地达 4000 亩。1983 年，杂交水稻制种专业户有 1581 户，制种面积 2289 亩，生产杂交种子 175.79 吨。1988 年，建立常规早、晚稻良种繁育基地 492 亩，大小麦繁育基地 102 亩，棉花繁育基地 1301 亩。

四、实施种子种苗工程时期（2000 年以后）

2000 年 12 月 1 日，《中华人民共和国种子法》（以下简称《种子法》）正式实施。《种子法》明确了种子经营的市场准入资格，任何单位和个人只要达到法定条件，就可以申请从事种子生产经营业务。这一规定结束了县级种子公司"画地为牢、一统天下"的经营局面，种子的商品特性得以充分体现，种子市场主体多元化格局初步形成，市场竞争逐步加剧，真正意义上的种子市场体系开始建立和形成。台州全市开展了种子种苗基地建设，根据表 2-2 统计，2000—2015 年仅市级种子种苗基地数就基本稳定在 25 个及以上，每年制种面积不低于 5000 亩，为全市良种供应作出了重要贡献。

表 2-2　全市种子种苗基地

年份	基地数/个	基地面积/亩	制种企业/个	年份	基地数/个	基地面积/亩	制种企业/个
2000	32	5370	3	2008	27	5140	3
2001	33	6490	4	2009	30	5980	2
2002	24	6130	3	2010	26	5770	2
2003	31	7850	3	2011	28	6020	2
2004	29	6210	3	2012	28	6155	2
2005	28	7830	3	2013	28	6185	2
2006	37	7510	7	2014	25	7185	2
2007	34	8180	5	2015	27	7350	1

各县市区实施"种子工程"概况如下。

1. 椒江区

"十五"期间，区种子推广站在保证全区安全供种的基础上，加大新品种引进试验力度，每年引进各类农作物新品种进行试验筛选。尤其是完善了省级大豆新品种试验基地，每年在本区试验筛选的鲜食春、秋大豆新品种有 10 多个，筛选出中浙优 1 号、辽鲜 1 号等新品种在本区大面积推广种植。

"十一五"期间，全面实施"种子工程"，完成了一批种子基础设施建设项目（表 2-3），重点建设省级水稻新品种试验展示基地——三甲坚决村，每年试验展示新品种 10 多个。同时，加快了新品种的引进、试验、示范、推广，累计引进水稻、大豆、小麦、玉米、油菜和瓜菜等作物新品种（系）150 多个，对早稻、杂交晚稻等主要农作物品种均进行了一次更新更换。由区种子推广站引进的鲜食大豆品种辽鲜 1 号通过省农作物品种审定委员会审定，可在全省推广，此项目获省农业丰收奖三等奖。特别是甬优系列超级稻，如甬优 9 号、甬优 12 的引进试验示范及大面积推广对本区粮食产量跃上新的台阶起到重要作用，累计推广以甬优系列组合为主的超级稻新组合 15.8 万亩，增产粮食 7.9 万吨，为农民增收 2370 万元。

表 2-3　椒江区种子种苗基地

年份	基地数/个	基地面积/亩	制种企业/个	年份	基地数/个	基地面积/亩	制种企业/个
2000	1	50	1	2008	2	350	1
2001	0	0	1	2009	2	350	1
2002	0	0	1	2010	1	150	1
2003	0	0	1	2011	1	150	1
2004	2	100	1	2012	1	150	1
2005	2	150	1	2013	0	0	1
2006	2	200	1	2014	0	0	1
2007	2	350	1	2015	0	0	1

2. 黄岩区

2000 年以后，通过实施种子、种苗工程（表 2-4），引进推广了一批农作物良种，提高了产量，改善了品质，增加了效益。

2010—2012 年，"籼粳杂交水稻甬优 12 优质高产栽培集成技术研究与推广"列入黄岩区重大科技项目，并有 4 篇论文在相关杂志上发表。2012 年，黄岩区院桥镇牛极村胡友章所种的 1.03 亩甬优 12 攻关田经台州市农业局验收，亩产达 933.03 公斤，创台州市最高单产。

2011 年，早稻推广嘉育 253，连晚种植以中浙优 1 号、中浙优 8 号为主；单季稻以甬优系列为主导品种，其中甬优 12 种植面积 4.4 万亩，占单晚面积 65%。2013 年，推广甬优 12、甬优 9 号、中浙优 8 号等主导品种 6.85 万亩，占水稻总面积 98%。

2000 年，引进以色列的无限生产型番茄品种加茜亚。2002 年，引进以色列等国外硬果型番茄品种并在院桥镇繁荣村组织试验、示范。经过 3 年的推广，从以色列引进的汉克成为主栽品种；2007 年前后，该品种占番茄栽培面积的 80% 左右。2010 年后，引进推广高盛、蓓盈、梅赛德斯、倍克 8 号等品种。

2013 年引进浙薯 13、心香、红牡丹、六十日、红藤头等 5 个甘薯品种。

表 2-4　黄岩区种子种苗基地

年份	基地数/个	基地面积/亩	制种企业/个	年份	基地数/个	基地面积/亩	制种企业/个
2000	2	500	0	2008	2	300	0
2001	2	500	0	2009	2	300	0
2002	2	500	0	2010	3	300	0
2003	2	1000	0	2011	3	300	0
2004	2	300	0	2012	3	350	0
2005	2	300	0	2013	5	350	0
2006	2	300	0	2014	6	350	0
2007	2	300	0	2015	8	350	0

3. 路桥区

2001 年，路桥区建立种子种苗引种中心，重点引进推广瓜菜、水果、花卉、畜禽、粮食等主导产业的优新品种，开展了种子种苗基地建设（表 2-5）。当年，在路北南洋、桐屿立新、金清九塘和农垦场设立各类示范试验、繁育基地 1200 多亩；在路南肖王、峰江亭屿建立花卉苗木基地 1200 亩，引进新品种 20 个。2003 年，在横街建立良种繁育基地 2 处，建立早稻繁育田 10 亩、晚稻繁育田 90 亩，开展常规种子繁育。2005 年，建立春粮与早稻繁种田各 100 亩；建立常规粳、糯稻（秀水 52、浙糯 5 号、台糯 1 号）繁育田 120 亩；在桐屿埠头堂村建立枇杷种质资源圃 10 亩，引进枇杷新品种近 30 个。2006 年，在蓬街八塘建立大麦繁种田 50 亩，早稻繁种田 100 亩，晚稻繁种田 130 亩。2007 年，引进各类农作物新品种 64 个，其中水稻 6 个，玉米、大豆 10 个；建立瓜菜新品种试验点 4 个、水稻新品种试验点 3 个；建立百龙蔬菜育苗中心，占地 150 亩，年生产 7300 万株蔬菜种苗。2008 年，主推超级稻和优质稻为主的 5 个优良品种。2009 年，水稻良种推广面积 6.6 万亩，其中超级稻 5.1 万亩。2010 年，粮油品种覆盖率达 90% 以上，嘉育 253、甬优 6 号等优质高产水稻良种推广面积 6.8 万亩。2011 年，嘉育 253 成为早稻主栽品种；甬优 6 号为晚稻当家品种，甬优系列推广面积 4.2 万亩，占晚稻总面积 54.5%，平均亩产 710 公斤，示范方亩产 774 公斤，最高田块亩产 918 公斤。2012 年，晚稻甬优系列推广面积4.3万亩，占晚稻面积54.5%，水稻良种覆盖率达98%以上。

表2-5 路桥区种子种苗基地

年份	基地数/个	基地面积/亩	制种企业/个	年份	基地数/个	基地面积/亩	制种企业/个
2000	2	500	0	2008	1	380	0
2001	3	1650	0	2009	1	380	0
2002	1	295	0	2010	1	160	0
2003	2	195	0	2011	1	200	0
2004	2	200	0	2012	1	150	0
2005	2	300	1	2013	1	180	0
2006	2	280	2	2014	1	180	0
2007	2	380	2	2015	1	180	0

4. 临海市

2001年开始，随着种子市场化步伐加快，临海本地取消杂交水稻制种，重点转向以水稻、西蓝花为主的新品种、新技术的引进推广，同时开展了种子种苗基地建设（表2-6），促进新品种推广。2002年，"临海西蓝花新品种试验中心"在上盘镇杜建村建立；2008年，试验中心移至上盘镇磊石坑村，占地面积10亩，每年引进国内外新品种（新品系）400多个，成功推广绿雄90、优秀、炎秀、台绿1号、绿带、山水、梅绿、曼陀绿、喜鹊、阳光、奇迹、国王1号等优良品种10多个。2008年，临海市农业局粮油作物管理站与台州农科院联合选育出丰优54杂交水稻品种，获省科技进步奖三等奖。2012年，临海市建立省级花菜创新平台，开展花菜品种引进试验。

表2-6 临海市种子种苗基地

年份	基地数/个	基地面积/亩	制种企业/个	年份	基地数/个	基地面积/亩	制种企业/个
2000	5	864	1	2008	0	0	0
2001	4	667	1	2009	0	0	0
2002	4	679	1	2010	0	0	0
2003	4	646	1	2011	0	0	0

年份	基地数 / 个	基地面积 / 亩	制种企业 / 个	年份	基地数 / 个	基地面积 / 亩	制种企业 / 个
2004	4	288	1	2012	0	0	0
2005	1	20	1	2013	0	0	0
2006	1	20	1	2014	0	0	0
2007	0	0	0	2015	0	0	0

5. 温岭市

2000 年以后，温岭市加大种子种苗基地建设，从 2000 年的 8 个基地 1220 亩，增加到 2015 年的 39 个基地 1935 亩（表 2-7）。温岭是浙江省"8812"计划籼粳杂交稻联合区试承担单位之一，并先后承担国家级农业科技成果转化项目、浙江省"0406"计划良种推广项目、浙江省种子工程新品种展示示范项目、强龙兴农示范工程的农作物新品种展示示范区建设项目和国家超级稻示范推广等项目。2001—2004 年，完成的"优质高产多抗早籼品种嘉育 948 的选育与推广""超级稻协优 9308 的选育，超高产生理基础研究与生产集成技术推广""双高双低优质油菜新品种浙双 72 的选育与推广"3 个项目均获省科技进步奖一等奖。2004 年，"杂交水稻 E26 超高产攻关及示范"获温岭市政府丰收计划特别奖（E26 即甬优 6 号）。2005 年，温岭市成为全国超级稻示范推广县（市）之一。2006 年，以甬优 6 号为主推品种，搭配两优培九和协优 9308 的超级稻示范面积达 8.52 万亩，占全市杂交水稻面积的 79.3%，全部水稻面积的 36.7%。2006 年 9 月 27 日，全省超级稻示范推广现场会在温岭市召开。同年，由温岭市种子管理站主持实施的"籼粳杂交水稻甬优 6 号超高产栽培集成技术研究与推广"项目荣获 2006 年度浙江省农业丰收奖一等奖。

2010—2015 年，温岭市种子站（种子公司）累计从中国水稻研究所、浙江省农科院、宁波市农科院等科研育种单位引进水稻、毛豆、西瓜砧木等农作物新品种 1000 余个次，进行试验、展示与示范，从中筛选表现较为突出的品种在全市推广，同时开展主推品种的配套栽培技术的研究与推广应用。

表2-7　温岭市种子种苗基地

年份	基地数/个	基地面积/亩	制种企业/个	年份	基地数/个	基地面积/亩	制种企业/个
2000	8	1220	1	2008	17	1270	2
2001	9	1140	2	2009	21	1300	2
2002	12	1320	2	2010	25	1461	2
2003	11	1240	2	2011	33	1675	2
2004	11	1180	2	2012	37	1740	1
2005	14	1100	2	2013	38	1730	1
2006	17	1250	2	2014	35	1577	1
2007	15	1175	2	2015	39	1935	1

6. 玉环县

2000年开始，玉环县种子站（原种子公司）每年从宁波市农科院、中国水稻研究所和浙江省农科院引进水稻、西瓜、蔬菜、水果等新品种500多个次，并进行试验示范，从中筛选较好的品种在全县推广，如甬优6号、甬优12号、春优84等。同时，建立了玉环特色蔬菜品种种子种苗示范基地300多亩，包括干江镇甸山头村的玉环盘菜良种基地和大麦屿的玉环剪豆示范基地等，保持了当地特色蔬菜优良品质，有力推进玉环县特色蔬菜稳定发展。2003年以后，玉环县种子种苗基地2个，年制种面积100～300亩（表2-8）。

表2-8　玉环县种子种苗基地

年份	基地数/个	基地面积/亩	年份	基地数/个	基地面积/亩
2000	3	300	2008	2	200
2001	3	300	2009	2	300
2002	3	300	2010	2	250
2003	2	200	2011	2	200
2004	2	200	2012	2	200
2005	2	300	2013	2	100
2006	2	100	2014	2	200
2007	2	300	2015	2	100

7. 天台县

2000年以后，天台县种子基地和制种面积如表2-9所示。

2004 年，引进种植的两优培九水稻亩产量创历史之最，美国康奈尔大学诺迈尔教授、农业部科教司领导和超级稻生产专家组考察后对其给予了很高的评价。

表 2-9　天台县种子种苗基地

年份	基地数 / 个	基地面积 / 亩	年份	基地数 / 个	基地面积 / 亩
2003	1	1500	2005	1	1500
2004	1	1500	2006	2	150

注：除 2003—2006 年外，2000～2015 年其他年份天台县种子种苗基地个数为 0。

2005 年，在平桥镇建立千亩超级稻示范方，种植中浙优 1 号。

2006 年，建立 2 个超级稻示范方。在平桥镇建立千亩超级稻示范方，面积 1062 亩，以种植国稻 6 号为主；在街头镇建立百亩超级稻春优 58 高产示范方，面积 109 亩，通过省级验收，平均产量达 672.4 公斤，高产田块达 762.9 公斤。

2008 年，落实水稻示范方 2 个，分别为平桥镇上庞村的甬优 9 号千亩方和街头镇埠头村的春优 58 百亩方。两示范方均获高产，其中甬优 9 号千亩方平均亩产达 652.6 公斤，春优 58 百亩方平均亩产达 671.8 公斤。

2009 年，在三合镇大横金村建立示范方，总面积 300 亩，展示 14 个品种，核心区面积 180 亩（中浙优 8 号示范方）。同时，先后设立了赤城街道田井村 100 亩浙丰 2 号小麦示范方，坦头镇岙里村 100 亩浙油 18 等油菜示范方，平桥镇庄前村 100 亩台早 518 早稻示范方，坦头镇东横山 100 亩心香、紫美、广 79 等甘薯示范方。

2010 年，完成浙江省种子总站安排的小麦 10 个品种的区试，以及浙江省农科院布置的 220 亩浙丰 2 号小麦高产示范。根据浙江省"0406"计划示范展示 10 个水稻新品种，实施地在街头镇埠头村。其中中浙优 8 号 109 亩，平均亩产达 560 公斤，攻关田最高亩产达 623 公斤；内 5 优 8015（国稻 7 号）30 亩，平均亩产 693.7 公斤，高产田块亩产 732.6 公斤。结合台州市种子管理站《甬优 9 号优质高产栽培集成技术研究与推广》项目，在平桥镇后村建立甬优 9 号、甬优 12 两个百亩方，均获高产。还在天台电视台《希望田野》、《魅力乡村行》栏目中宣传推广优质高产水稻新品种。

2011 年，完成浙江省种子总站布置的小麦区试 1 个，省农科院水稻品种试验 1 个，水稻展示示范 1 个，饲料玉米和鲜食甜玉米示范各 1 个。其中中浙优 8 号示范方经农业部组织的专家组进行实割验收，平均亩产达 800.7 公斤，攻关田产量最高田块面积 511 平方米，亩产达 830.8 公斤。示范品种 6 个：中浙优 8 号、内 5 优 8015、Y 两优 5867、Y 两优 689、甬优 15 和甬优 412。展示品种 14 个。

2012 年，根据浙江省种子总站安排，开展华麦 5 号、扬 05G68、华麦 2 号、南农 11Y129、浙 09G47、09-130、扬 09G80、南农 11Y19、南农 11Y31、扬麦 158 等 11 个品种的小麦区试。同时完成全国农业技术推广服务中心的 2012 年水稻新品种展示工作，共展示新两优 343、天优华占、中浙优 8 号、中浙优 10 号、深两优 5867、甬优 15、甬优 17 等 15 个单季晚稻新品种。根据 2012 年浙江省农业厅"0406"计划、2012 年浙江省农作物新品种适应性扩展鉴定和丰产示范计划等工作，示范中浙优 8 号、甬优 15、甬优 12、春优 618、春优 84、浙优 18、T 优 01 等 7 个杂交组合，展示甬优系列、中浙优系列、浙优系列等 44 个杂交组合。是年，浙江省农业厅、中国水稻研究所、浙江省农科院、临安市农业局等组织的 5 批 70 多人次的相关专家、领导、种粮大户前来参观，以及省、市组织的各地种子管理站、育种单位和种子企业的 180 多位专家观摩考察。10 月 12 日，天台县农技推广总站组织全县各乡镇农技干部、种粮大户、科技示范户、种子经营户等 100 多人参加现场观摩考察会。11 月 8 日，由农业部组织专家对示范品种甬优 15 进行实割验收，102 亩甬优 15 示范方平均亩产达 837 公斤，最高田块亩产达 858.7 公斤。44 个展示品种经实割验收后，粳稻综合表现较好的品种是浙优 818、甬优 538、甬优 15、甬优 17、春优 618，亩产分别为 856.1 公斤、846.5 公斤、851 公斤、776.3 公斤、737 公斤；籼稻综合表现较好的品种是 Y 两优 5867、两优培九、深两优 5814、C 两优 369，亩产分别为 704.5 公斤、711.7 公斤、679.2 公斤、675.6 公斤。

2013 年，完成浙江省种子管理总站布置的 9 个品种小麦区试；完成全国农技中心的水稻新品种展示示范工作，共展示 17 个水稻新品种，示范 2 个水稻新品种，面积均为 102 亩；完成农业部安排的长江中下游中籼迟熟组天台点的生产试验任务，布置 7 个水稻品种生产试验；完成 2013 年浙江省"0406"计划和 2013 年浙江省农作物新品种适应性扩展鉴定和丰产示范计划，共展示水稻新品种 47 个，示范水稻新品种 3 个。其中，经台州市农业局组织专家进行实割测产验收，示范组合甬优 538 示范方平均亩产 862.1 公斤，最高田块亩产 867.3 公斤；浙优 18 示范方平均亩产 824.7 公斤，最高田块亩产 827.5 公斤。

2014 年，完成浙江省种子管理总站安排的 12 个品种小麦区试；完成 29 个水稻新品种展示试验；完成全国农技中心布置的长江中下游中籼迟熟组生产试验天台点的生产试验任务，试验品种 23 个；完成甬优 538、浙优 18、甬优 1512、甬优 1540、春优 84 的百亩示范和钱优 911、深两优 884 小面积示范任务；完成 2014 年浙江省"0406"计划良种推广项目 29 个新品种的展示示范和丰产性、适应性鉴定。11 月 5 日，农业部科教司组织专家组对"天台县水稻新品种展示示范基地"示范的甬优 538 和浙优 18 分别进行实割测产验收。其中，甬优 538 示范方平均亩产 818.2 公斤，最高田块亩产 833.4 公斤；浙优 18 示范方平均亩产 808.1 公斤，最高田块亩产 810.3 公斤。甬优 1540 百亩示范方安排在平桥镇上潘村，面积 120 亩。10 月 21 日，经台州市农业局组织专家组进行实割测产验收，百亩示范方平均亩产 719.6 公斤，最高田块亩产 746.1 公斤。

2015 年，根据全国农技中心《关于印发 2015 年国家水稻新品种展示和示范实施方案的通知》（农技种函〔2015〕153 号）、《关于印发 2015 年国家水稻品种试验实施方案的通知》（农技种函〔2015〕23 号）和浙江省种子管理总站《关于下达 2015 年浙江省农作物新品种适应性扩展鉴定和丰产示范计划的通知》（浙种〔2015〕16 号）等文件要求，完成甬优 7850 和甬优 1540 的示范和 32 个品种的展示（包括浙优 18、春优 84、浙优 1105、甬优 12、甬优 15、甬优 17、甬优 150、甬优 1140、甬优 538、甬优 7850、甬优 1540、甬优 540、甬优 8050、甬优 1512、浙科优 1211、浙科优 115、浙科优 288、浙科优 388、浙科优 283、深两优 884、钱优 930、钱优 911、赣优 9141、钱优 8078、钱优 1890、嘉优中科 3 号、中浙优 8 号、870 优 31081、Y 两优 5867、春优 927 等，对照品种为两优培九和甬优 9 号）。示范品种甬优 1540 和甬优 7850 于 11 月 21 日，经天台县农业局邀请省种子管理总站、中国水稻研究所、省种植业管理局等有关专家进行实割测产验收，百亩示范方平均亩产分别为 868.77 公斤、847.27 公斤，最高田块亩产 883.5 公斤、863.28 公斤。此外，完成 2015 年长江中下游中籼迟熟组 15 个品种的水稻生产试验，浙江省 9 个品种的小麦区域试验。

8. 仙居县

2000 年以后，仙居县开展种子种苗基地建设，2000 年，建立 4 个基地 600 亩；2015 年共有 2 个基地，面积为 3000 亩（表 2-10），并开展了种子相关的科研与示范。相关项目有：仙居县种子产业化技术研究与应用（2001 年），水稻强化栽培体系推广（2003—2006 年），灌溉稻"麦作式"水稻湿种技术研究与示范（2008 年），仙居县油菜免耕直播技术推广与观光农业开发（2006—2008 年），超级稻集成栽培技术研究与示范推广（2006—2008 年），绿色稻米标准化生产技术研究与推广（2007—2009 年），水稻强化栽培技术研究与应用（2008—2010 年），优质、高产、多抗油菜浙油 18 的选育和推广（2009—2012 年），优质杂交水稻新组合丰优 54 的选育及应用（2009—2012 年），仙居县下各镇马垟甬优 12 高产攻关示范方创建（2012—2015 年），"中药材－单季稻"轮作栽培模式示范推广（2013—2015 年）等。

2000 年以后，仙居县推广的早稻品种有嘉育 948、浙 733、嘉 935、金早 47、嘉育 253、台早 518、中嘉早 17、中早 39、台早 733 等。2001 年，推广的杂交水稻组合近 20 个，当家组合为汕优 10 号、汕优 518、汕优 63、D 优 46 等，种植面积较大的组合有汕优 64、汕优桂 33、协优 7954、协优 914、协优 963、协优 63、Ⅱ优 92、Ⅱ优 3027、Ⅱ优 62-16、D 优 527 等。

表 2-10　仙居县种子种苗基地

年份	基地数/个	基地面积/亩	制种企业/个	年份	基地数/个	基地面积/亩	制种企业/个
2000	4	600	1	2008	2	1100	1
2001	4	750	1	2009	5	2000	1
2002	4	800	0	2010	5	2000	1
2003	9	810	0	2011	5	2000	1
2004	6	810	0	2012	5	2000	1
2005	4	2100	1	2013	5	2000	1
2006	5	2500	1	2014	2	3000	1
2007	6	4000	1	2015	2	3000	1

2006—2008 年，引进超级稻品种（组合）15 个，开展品比和栽培试验，主推超级稻组合有中浙优 1 号、两优 0293、两优培九、国稻 6 号、粤优 938、Ⅱ优 7954、Y 两优 1 号、协优 9308。3 年共示范超级稻 1 万亩次，平均亩产 550 ～ 600 公斤；推广超级稻 10 万亩，平均亩产 500 公斤，比前 3 年平均每亩增加 80 公斤；高产攻关田亩产 700 公斤。另外开展的试验包括：中国水稻研究所主持的"基于模型的水稻管理决策系统试验"1 项，浙江省种子总站组织的单季稻试验、引种试验 2 项，县农技中心组织的单季稻新组合试验 1 项。

推广的其他农作物品种包括大麦、小麦、玉米、大豆、豌豆、马铃薯、甘薯和油菜。

大麦：2000 年后，主要推广品种有浙啤 1 号、浙农大 2 号、浙农大 3 号、花 30 等。

小麦：2000 年后，引进推广的主要品种有温麦 10、浙丰 2 号、扬麦 158、扬麦 12、扬麦 18 等。

玉米：2000 年，甜玉米、糯玉米生产作为旱杂粮开发重点内容之一。推广的甜玉米品种有特甜 1 号、科甜 98-1、金银蜜脆、超甜 135、超甜 3 号、华珍、金甜玉 1 号等，年种植面积 6000 多亩。糯玉米品种有浙糯 2012、浙凤糯 2 号、科糯 99-1、水晶糯 338、黑珍糯、甬糯 1 号等。2001 年，先后在安岭乡吕坟村、陈岭乡塘弄村、溪港乡三溪村、横溪镇溪头村、皤滩乡后地村、白塔镇东安村、官路镇长塘村、下各镇下垟村、步路乡木口村、上张乡上张村、城关镇完山头村、田市镇吴桥下村等 12 个村建成春玉米基地。

大豆：2000 年后，春大豆主要推广品种有台湾 75、浙鲜豆 3 号、浙春 2 号、浙农 6 号、浙农 8 号、辽鲜 1 号等；秋大豆有浙秋豆 2 号、浙秋豆 3 号、衢鲜 2 号等。

豌豆：2000 年以后主推中豌 4 号和中豌 6 号。

马铃薯：2000 年以后主推东农 303、荷兰 7 号、中薯 3 号等。

甘薯：2000 年后主推浙薯 13，2011 年在溪港乡、横溪镇、官路镇建成"临安小香薯 - 心香"基地，溪港乡百花等村还建有紫色甘薯基地。

油菜：2000 年后主要推广"双低"油菜，主要品种有浙双 72、沪油 15、秦优 8 号、秦优 10 号、浙双 6 号、浙油 18、浙大 619。2010 年后主要推广"双低高油"油菜，主要品种有浙油 50、浙油 51 等。

9. 三门县

2000 年以后，三门县种子市场体系发生了变化，杂交水稻制种和棉花繁种逐年减少，农业用种以外调为主。三门县种子技术推广站开展种子种苗工程建设，通过引进推广农作物新品种、新技术，提高农作物产量和品质，增加种植效益（表 2-11）。

2001—2015 年，累计从各科研育种单位引进水稻、大豆、蔬菜、瓜类等各类农作物新品种 500 余个，通过试验、展示与示范，从中筛选表现较为突出的品种在全县推广。同时，对相应品种开展配套栽培技术研究与推广应用。2002 年引进的中浙优 1 号经试种于 2004 年在三门六敖落实百亩示范方，且表现突出。全省超级杂交水稻中浙优 1 号高产示范现场会在三门召开，为该组合在我省及全国推广起到了示范引领作用。县种子技术推广站作为参与单位完成的"优质香型不育系中浙 A 及超级稻中浙优 1 号的选育与产业化"项目获 2008 年度浙江省科学技术奖一等奖。

表 2-11　三门县种子种苗基地

年份	基地数 / 个	基地面积 / 亩	年份	基地数 / 个	基地面积 / 亩
2000	4	400	2008	0	0
2001	4	350	2009	0	0
2002	4	350	2010	0	0
2003	2	200	2011	4	500
2004	2	150	2012	0	0
2005	2	180	2013	0	0
2006	1	50	2014	0	0
2007	0	0	2015	0	0

地方特色品种资源与品种选育

一、地方特色品种

台州地方特色品种资源丰富，不少农作物品种风味独特、品质佳。以下对部分地方特色品种的特征特性做简单介绍。

1. 黄岩区

富山白扁豆　黄岩的地方品种，植株蔓生，蔓长 3～4 米，节间长 15～20 厘米，分枝性较强。叶较大，复叶开展度 18 厘米 ×18 厘米，小叶卵圆形，绿色，叶柄长 18 厘米。总状花序，花冠蝶形，白色。豆荚刀形，荚长 7.8 厘米，宽 2.1 厘米，平均单荚重 4.35 克。嫩荚绿白色，背腹线绿色，内含种子 5～6 粒。种子扁圆形、褐色，种脐白色。晚熟，全生育期 150～180 天。耐旱、耐瘠、较耐热，不耐寒，抗病虫能力强，适应性广，易栽培。嫩荚供食，品质佳。

沙埠白萝卜　株型直立，开展度 64 厘米 ×72 厘米，株高 45～50 厘米；单株叶片 13～16 片，叶长 30 厘米，叶卵形，叶缘深裂，裂叶 8～10 对，深至中脉，叶色青绿色，有细毛；肉质根长纺锤形，直径 5～6 厘米、长 25～28 厘米，单株重 300～500 克，皮肉红色，生食味甜且略带辛辣，无苦味。播种到收获 90～100 天，全生育期 240 天左右，亩产 2000 公斤左右；抗逆性较强，耐寒、耐肥，适宜在富含腐殖质，排水良好且土壤深厚、松紧适度的沙壤土种植。

黄岩紫莳药　植株蔓生，分条多，蔓有四棱，长 2～3 米，叶腋处抽生侧枝 1～2 根，叶箭形、单叶互生，叶片光滑无缺刻，节长 5～10 厘米。块茎呈不规则团块状；表皮薄而脆，呈褚褐色；中上部有较多须根；肉纹细，肉质细嫩柔滑呈紫红色；单个块茎重 500 克左右，最大达到 2500 克。紫蓣药春种秋收，耐热不耐寒，耐旱怕涝，适合地势高燥的沙壤土种植，一般亩产 2000 公斤左右。

店头荸荠 墩高、色好、葱短、肉脆、汁多、味甘而闻名台州。植株高 100 厘米左右，管状叶粗 0.5 厘米左右，稀植管状叶粗抗倒伏，密植叶细易倒伏，颜色呈深绿色。球茎扁圆形，高 2.5 厘米左右，横径 4.0 厘米左右，单个重 30～40 克，球茎暗紫红色，肉色洁白；球茎顶端具 1.0 厘米左右长的主芽，3～4 个侧芽则依附在主芽四周。清明前后育苗，冬至后至次年 1 月底前收获，亩产 2000 公斤左右。荸荠个大、皮薄、肉脆，生食、熟食、加工均宜。

高洋香葱 以鲜、香、嫩、绿闻名，"非八珍之奇，五味之异，非此莫能达其美"。富含蛋白质、脂肪、糖、维生素、胡萝卜素等成分。从春季到秋季，一年可收割 9 次，亩产 1500～2000 公斤。

2. 临海市

蚕豆 俗名川豆，从宋代开始在沿海地区广泛种植在棉地上，冬种夏（初）收，收前套种棉籽。株高 1 米多，分若干节，每节生荚，每荚有 3～5 粒豆。豆粒皮青，肉青带白色。一般带荚鲜销，或去荚后晒干备食。1990 年前，临海市蚕豆常年种植 1 万亩左右。品种有本地种、大白蚕。

榨菜 明晚清初时就在沿海平原地区广种。块茎圆锥形、似瘤，淡黄色，既可鲜食也可腌制。临海市榨菜常年种植面积 5000 亩左右。1980 年前，供销部门年年收购，特筑 300 多口腌池腌制榨菜，年制榨菜 1.5 万公斤，日日上市供应，并销往外县市区。

大头菜 历来有之，在临海市广泛零星种植，鲜食或腌制后食。茎块圆形，大的如排球，小的似皮球。皮稍厚粗糙，肉细腻可口。临海市大头菜常年种植面积 5000 亩以上。

金针菇 因形似金针取名，是菌菇类中的一种。1966 年前后，在汛桥、峙前等村试种成功后逐步推广，但至今主产地仍在汛桥一些村。产品小量在本市市场销售，大量运销给广州市菌菇厂。

3. 温岭市

温绿83绿豆　生育期短，在温岭常在甘薯地前期套种栽培，历史悠久。籽粒较大，皮色深绿，皮薄肉粉。味鲜可口，产量较高。1983年以前，该绿豆品种无专名（统称绿豆）；当年定名为温绿83，并参加当年省优良品种展览会。在全省绿豆品种对比试验中，单位面积产量与品质均列供试品种前茅。该品种株型中等，株高55厘米，一般每穴留苗3～4株，穴结荚50荚左右，每荚11.8粒，千粒重45克，生育期一般90天左右。在立夏后播种，大暑前后收荚，边熟边收，收1～2遍后（一般亩产绿豆25～30公斤），即拔除植株，培入薯垄两侧为肥。

温岭苜蓿　俗称黄花苜蓿、扁草，是全县一大农家绿肥品种。温岭苜蓿，株型直立，茎长130厘米左右，茎粗2.7～2.8毫米，叶片较大、叶色黄绿，每一花序结荚约3个，每荚含种子3～4粒，千粒重2.5～2.7克。茎与叶的比例为0.76。种子出苗快而齐，冬季生长迅速，开春后略缓；分枝发生早，分枝率较低；适应性广，对土质要求不严，在pH 4.5～8.0的土壤中，生长较好。一般在寒露至霜降播种，每亩播种量3.5～4公斤，播前浸种1～2昼夜，用骨粉拌种，再用河泥拌匀，穴播，加强管理，亩产鲜草2000～2500公斤，肥料质量较等量紫云英高而持久。温岭苜蓿种子产地有太平镇、箬环、石桥、温峤、大溪、潘郎等。常年亩产籽65公斤左右，购销种子136万公斤左右。1971年购销172.24万公斤，销往江苏、江西、上海、湖南、广东等省，还远销过阿尔巴尼亚；1978年留种面积达2.7万多亩。

莳药（田薯）　主产大溪太湖山区，系当地农家品种。蔓方形有棱翼，色淡绿；薯块短圆形，长15～18厘米，横径9厘米，皮色黑，密生根毛，肉白色，黏性强，品质佳，亩产2000公斤以上。常与西瓜间套种；粮经综合栽培经济效益高。

大溪芋头　具200多年种植历史。体大而圆实，一般每只重1公斤；产量高，亩产1250～1500公斤。富含淀粉、粗蛋白、纤维素，粉脆可口。

温岭高橙 温岭高橙是特有的果树地方品种，主产城南、温西等地。在嘉靖《太平县志》中已有记载。它属于酸橙与宽皮橘或柚类的自然杂种，由于长期的自然杂交与人工选育，其品系比较复杂，果品质量差异悬殊。果实汁多、甜中带酸、清香可口、富含糖类及果酸，尤其是维生素 C 及陈皮甙等物质的含量比宽皮橘类高一倍左右。一些高血压、冠心病及其他慢性病患者和老年人食之更为有益。通过贮藏充分后熟的高橙，果实品质变优，春节后至 4～5 月供应市场，既可调节水果淡季，又增加经济效益。此外，也可加工成橙汁出售。在栽培上，具有高产，稳产，抗逆性强，适应性广，不怕旱、涝、风害，以及耐贮藏等优点。高橙采用嫁接繁殖，不仅能保持原母树的优良特性，而且能促使提早结果，保证丰产稳产。

4. 玉环县

玉环盘菜 玉环传统的特色蔬菜品种之一，已有 160 多年的栽培历史。玉环盘菜是根菜类芜菁的一个品种，其肉质根扁圆形，似小托盘，故名盘菜。玉环盘菜肉质根外形美观，皮色微黄白色，肉质洁白，质地细密，脆嫩味甘，品质优良，居根菜类之冠。现有大缨和小缨两个品种。大缨种植株高大；叶片大而多，叶片正面光滑，背面具白粉、无刺毛；肉质根很大，一般每个重 1.5～2 公斤。小缨种植株较矮小；叶片小而少，叶面粗糙，多刺毛；肉质根较小，一般每个重 0.5～1 公斤。盘菜肉质根无论鲜食、炒食、煮汤，味道都爽脆，鲜美可口；腌酱制品加工风味独特爽口，储藏期长，运输方便。

2004 年，在浙江省农博会上，玉环盘菜获金奖。盘菜产品不但在我国温州、上海、宁波等大中城市畅销，还出口日本、美国、澳大利亚等国家，2008 年拓宽市场并出口到俄罗斯等国家，带动玉环农村经济的发展。2016 年，全县种植面积达到 1 万余亩，总产量 12500 吨。

5. 天台县

薤头（牛腿薤） 百合科葱蒜属多年生草本植物，系天台优良地方品种，为我省薤头品种的上品，天台紫凝薤是出口创汇蔬菜品种之一。种植历史悠久，主要种植在平桥镇紫凝片。

6. 仙居县

黄花菜　《光绪仙居县志》记载："金针即萱草也，生于山者曰鹿葱，植于家者曰金针，黄花，味胜于鹿葱。"栽培的地方品种"仙居花"，适应性强、采摘期早、制干后色泽淡黄，条子（由细长的花茎和花朵组成）粗壮，味甜可口，久煮不烂，贮藏期长。1982年，全国首次黄花菜产销会上评为优质品种。

下阁竹荪　宋代陈仁玉《菌谱》记载："竹蕈，生竹根，味极甘。"1984年，夏下阁中学老师陈由日在下洋竹园采到竹荪，系短裙竹荪。继而又在下王沈、岩头下、步潭、上官、瓜州等村采集到野生竹荪。1987年，进行室内外人工栽培。

7. 三门县

乌秆白芋艿　有500多年种植历史。叶柄乌色，长130～150厘米；单株出叶数13～16片，叶片盾圆形，最大叶片宽30厘米、长40厘米左右，叶面光滑，叶脉明显。母芋近圆形，子芋近圆形，芽白色，每株结子芋8～15个，单株重0.5～0.75公斤。芋艿肉色白，质糯，口味好。

二、台州种质资源

台州农作物种质资源丰富，形成了具备相对优势的区域分布特点。2008年，台州开展农作物种质资源普查，全面收集全市所有农作物（水果、豆类、水生蔬菜、中药材、食用菌、水稻、玉米、大小麦、棉麻、油料、薯类、蔬菜、绿肥、席草、草类、茶叶、桑树、花卉等），包括栽培种及部分野生种的种质资源信息。先后普查收集种质资源503份，详见表3-1。对224份种质资源来源（或原生地）、类型、种植情况、利用前景等基本信息和其主要特征特性等信息进行详细整理和编写。经推荐并经浙江省农作物种质资源保护和开发利用咨询委员会专家评审，玉环盘菜、藠头等13个地方特色品种被列入浙江省首批农作物种质资源保护名录（表3-2）。

表3-1 台州作物普查种质资源初选表

作物	统一编号	品种名称	原产地	作物	统一编号	品种名称	原产地
小麦	ZM006901	蜈蚣麦	三门	小麦	ZM006936	芒麦	天台
	ZM006902	光头白麦	三门		ZM006937	旱麦钉	天台
	ZM006903	长头白麦	三门		ZM006938	旱小麦	天台
	ZM006904	枫树蒲	三门		ZM006939	短秆白麦	天台
	ZM006905	矮白光	三门		ZM006940	府麦	黄岩
	ZM006906	仙居麦	三门		ZM006941	蚰子麦	黄岩
	ZM006907	旱黄	三门		ZM006942	红蒲大粒	黄岩
	ZM006908	混合种	三门		ZM006943	长青麦	黄岩
	ZM006909	蜈蚣麦	三门		ZM006944	火烧麦	黄岩
	ZM006910	府麦	温岭		ZM006945	红白蒲	黄岩
	ZM006911	长麦	温岭		ZM006946	长芒麦	黄岩
	ZM006912	光头麦	温岭		ZM006947	火蝉麦	黄岩
	ZM006913	桐山子麦	温岭		ZM006948	芒麦	黄岩
	ZM006914	白麦	温岭		ZM006949	旱荒小麦	黄岩
	ZM006915	光头	温岭		ZM006950	蜈蚣麦	玉环
	ZM006917	短蒲白光头	仙居		ZM006951	火烧麦	玉环
	ZM006918	短蒲红须	仙居		ZM006952	洋小麦	玉环
	ZM006919	白壳胡须	仙居		ZM006953	大方头	玉环
	ZM006920	短赤壳麦	仙居		ZM006954	光头麦	玉环
	ZM006921	落墙青	仙居		ZM006955	光头麦	玉环
	ZM006922	铁锤钉	仙居		ZM006956	火烧麦	玉环
	ZM006923	长蒲白芒须	仙居		ZM006957	红蜈蚣	玉环
	ZM006924	矮方头	天台		ZM006958	无芒白壳麦	玉环
	ZM006925	松花蒲	天台		ZM006959	白方头麦	玉环
	ZM006926	有芒落墙青	天台		ZM007211	蜈蚣麦	三门
	ZM006927	落墙青	天台		ZM007212	旱黄	三门
	ZM006928	火烧麦	天台		ZM007213	长麦	温岭
	ZM006929	洋麦	天台		ZM007214	光头麦	温岭
	ZM006930	长秆白麦	天台		ZM007215	蜈蚣麦	温岭
	ZM006931	松花蒲	天台		ZM007216	长红须	仙居
	ZM006932	白蚕麦	天台		ZM007217	火烧赤	仙居
	ZM006933	光头麦	天台		ZM007218	长红须	仙居
	ZM006934	红头毛	天台		ZM007219	红壳龙须	仙居
	ZM006935	旱麦光	天台		ZM007220	奢粒多	天台

作物	统一编号	品种名称	原产地	作物	统一编号	品种名称	原产地
小麦	ZM007221	早荒小麦	黄岩	水稻地方种	10-01128	旱轮稻	临海
	ZM007222	红蜈蚣麦	玉环		10-01129	矮稻	天台
	ZM010887	天台麦	天台		10-01130	方岩谷	天台
	ZM010905	白芒麦	三门		10-01131	毛红	天台
	ZM010920	半芒麦	黄岩		10-01132	散子黄籼	天台
	ZM010922	台山麦	台州		10-01133	石黄稻	天台
	ZM010923	台州麦	台州		10-01134	一百廿拐	天台
	ZM010940	多粒麦	天台		10-01135	黄板糯	天台
	ZM010957	枫树蒲	黄岩		10-01136	草鞋筋	天台
	ZM015156	台 78-42	农科所		10-01137	霜降晚	天台
	ZM015157	台鉴 81-13	农科所		10-01138	小麦稻	天台
	ZM015158	台鉴 84-10	农科所		10-01139	野猪晚	天台
	ZM022333	仙选 831	农民选育		10-01140	野猪粳	天台
水稻地方种	10-01107	苍山顶晚稻	临海		10-01141	竹细糯	天台
	10-01108	细秆青	临海		10-01142	花秋	黄岩
	10-01109	细叶青	临海		10-01143	岩头红	黄岩
	10-01110	荒四百	临海		10-01144	散籽黄	黄岩
	10-01111	山西稻	临海		10-01145	衡山稻	黄岩
	10-01112	新籼	临海		10-01146	矮大种	黄岩
	10-01113	镇江稻	临海		10-01147	乌壳粳稻	黄岩
	10-01114	八月白	临海		10-01148	中性白	温岭
	10-01115	本地晚籼	临海		10-01149	温州青	仙居
	10-01116	高树晚京	临海		10-01150	矮黄	仙居
	10-01117	茶山京	临海		10-01151	花秋	仙居
	10-01118	牛皮京仁	临海		10-01152	细叶青	仙居
	10-01119	三日齐	临海		10-01153	旱轮稻	仙居
	10-01120	三枝黄籼	临海		10-01154	寒糯	仙居
	10-01121	三粒籼	临海		10-01155	白云和	仙居
	10-01122	十八穗	临海		10-01156	冬青粳	仙居
	10-01123	细秆京仁	临海		10-01157	红壳糯	仙居
	10-01124	西瓜白选	临海		10-01554	早黄岩	黄岩
	10-01125	晚籼 9 号	临海		10-01596	漫州白稻	临海
	10-01126	硬头京	临海		10-01597	西瓜白	临海
	10-01127	旱轮稻	临海		10-01598	镇江稻	临海

59

续表

作物	统一编号	品种名称	原产地	作物	统一编号	品种名称	原产地
水稻地方种	10-01599	仙居白	黄岩	水稻二系	A-000225	台二A	临海
	10-01600	斜八石	黄岩		A-000226	台二B	临海
	10-01601	白云和	仙居	水稻恢复系	R-000295	T28	临海
	10-02100	白米细叶青	临海		R-000297	T806	临海
	10-02101	镇江白米谷	临海	大麦	ZDM02702	三门二棱大麦	三门
	10-02102	温州白米	临海		ZDM02703	黄岩野大麦	黄岩
	10-02103	大粒晚籼	临海		ZDM02704	黄岩洋大麦	黄岩
	10-02104	红米荒四百	临海		ZDM02705	黄岩野大麦	黄岩
	10-02105	细秆白米	临海		ZDM02706	温岭洋大麦	温岭
	10-02106	石黄小粒	天台		ZDM02707	天台二棱大麦	天台
	10-02107	白壳籼糯	天台		ZDM02708	玉环猪尾巴	玉环
	10-02108	石黄白米	天台		ZDM02709	玉环洋大麦	玉环
	10-02109	白米散籽黄	黄岩		ZDM02710	玉环洋大麦	玉环
	10-02110	早中性白	温岭		ZDM02789	三门矮穗迟大麦	三门
	10-02111	裂叶中性白	温岭		ZDM02790	三门白大麦	三门
	10-02112	红米温州青	仙居		ZDM02791	三门四棱大麦	三门
	10-02113	红米有芒花秋	仙居		ZDM02792	三门红钳大麦	三门
	10-02114	红米无芒花秋	仙居		ZDM02793	三门自落芒大麦	三门
	10-02115	细叶红米	仙居		ZDM02797	黄岩迟落芒	黄岩
选育稻	ZD-00516	甲农66	椒江		ZDM02798	温岭早大麦	温岭
	ZD-01653	台所5-10	临海		ZDM02799	温岭白大麦	温岭
	ZD-01654	台早5号	临海		ZDM02800	温岭四棱白大麦	温岭
	ZD-01657	台24	临海		ZDM02801	温岭有棱大麦	温岭
	ZD-02830	台202	临海		ZDM02802	温岭四棱红大麦	温岭
杂交稻	H-000073	汕优T28	临海		ZDM02803	温岭四棱红大麦	温岭
	H-000133	协优T28	临海		ZDM02804	天台长头颈大麦	天台
	H-000158	台杂1号	临海		ZDM02805	天台白四棱	天台
	H-000159	台杂2号	临海		ZDM02806	天台白钳四棱	天台
	H0000217	汕优10号	临海		ZDM02807	天台红钳四棱	天台

作物	统一编号	品种名称	原产地	作物	统一编号	品种名称	原产地
大麦	ZDM02808	天台自落芒	天台	大麦	ZDM03127	温岭长四棱裸麦	温岭
	ZDM02809	天台白钳四棱	天台		ZDM03128	温岭泥鳅大麦	温岭
	ZDM02810	仙居四棱红大麦	仙居		ZDM03129	温岭长四棱裸麦	温岭
	ZDM02811	仙居长须棱大麦	仙居		ZDM03130	温岭无芒四棱	温岭
	ZDM02812	仙居白大麦	仙居		ZDM03131	天台四棱大麦	天台
	ZDM02813	仙居自落芒大麦	仙居		ZDM03132	天台大麦米	天台
	ZDM02814	玉环红大麦	玉环		ZDM03133	天台蚕花麦	天台
	ZDM02815	玉环红大麦	玉环		ZDM03134	玉环南田裸麦	玉环
	ZDM02955	三门沿江区六麦	三门		ZDM03135	玉环四棱裸大麦	玉环
	ZDM02956	三门黄六棱	三门		ZDM03263	黄岩六棱裸麦	黄岩
	ZDM02961	黄岩方蒲大麦	黄岩		ZDM03264	黄岩六棱裸麦	黄岩
	ZDM02962	黄岩六棱大麦	黄岩		ZDM03265	黄岩白蒲六棱	黄岩
	ZDM02963	黄岩六棱大麦	黄岩		ZDM03266	黄岩乌茎麦	黄岩
	ZDM02964	黄岩早大麦	黄岩		ZDM03267	黄岩扭藤裸麦	黄岩
	ZDM02965	温岭本麦	温岭		ZDM03268	黄岩六棱裸麦	黄岩
	ZDM02966	温岭六棱大麦	温岭		ZDM03269	黄岩红蒲六棱	黄岩
	ZDM02967	天台洋大麦	天台		ZDM03270	黄岩红蒲元麦	黄岩
	ZDM02968	天台红钳六棱	天台		ZDM03271	黄岩白蒲六棱	黄岩
	ZDM02969	天台红钱六棱	天台		ZDM03272	温岭六棱裸麦	温岭
	ZDM02970	玉环南田大麦	玉环		ZDM03273	天台裸麦	天台
	ZDM02971	玉环红大麦	玉环		ZDM03274	仙居短六棱	仙居
	ZDM03115	三门裸大麦	三门		ZDM03275	仙居刺丛裸麦	仙居
	ZDM03119	黄岩谷雨裸麦	黄岩		ZDM03276	仙居长须麦	仙居
	ZDM03120	黄岩四棱裸麦	黄岩		ZDM03277	仙居自落芒	仙居
	ZDM03121	黄岩谷雨（杂）	黄岩		ZDM03278	玉环六棱米麦	玉环
	ZDM03122	黄岩谷雨（紫）	黄岩		ZDM03279	玉环白大麦	玉环
	ZDM03123	头陀谷雨	黄岩		ZDM03280	玉环白棱米麦	玉环
	ZDM03124	温岭裸大麦	温岭		ZDM03281	玉环六棱裸麦	玉环
	ZDM03125	温岭田四棱裸麦	温岭		ZDM03282	玉环六棱裸麦	玉环
	ZDM03126	温岭南田米麦	温岭		ZDM03283	玉环红六棱裸	玉环

续表

作物	统一编号	品种名称	原产地	作物	统一编号	品种名称	原产地
大麦	ZDM09529	浙临 38–14	临海		ZDD06029	黑豆	仙居
玉米	00110166	天台黄玉米	天台		ZDD06030	六月豆	三门
	00110167	红玉米	天台		ZDD06036	六月白	临海
	00110168	临海黄玉米	临海		ZDD06147	冬豆	天台
	00110169	大石晚玉米	临海		ZDD06153	毛豆	三门
	00110170	城关黄玉米	临海		ZDD06154	腐身豆	三门
	00110171	城关浅黄子	临海		ZDD06155	白大豆	三门
	00110172	红紫种	三门		ZDD06156	八月黄	临海
	00110173	三门红玉米	三门		ZDD06157	九月老鼠豆	临海
	00110195	贼不偷	仙居		ZDD06159	捧心黄	温岭
	00110196	石子	仙居		ZDD06227	冬豆	天台
谷子	00014616	浙江 692	温岭		ZDD06228	山白豆	天台
粟类	B0000104	小米草	仙居		ZDD06257	青大豆	天台
大豆	ZDD05944	白壳豆	天台	大豆	ZDD06277	山白豆	天台
	ZDD05945	黄豆	天台		ZDD06285	秋大豆	黄岩
	ZDD05946	六月豆	天台		ZDD13995	十月豆	黄岩
	ZDD05947	六月豆	天台		ZDD13996	白秋大豆	黄岩
	ZDD05970	六月白	仙居		ZDD21215	椒江六月白	椒江
	ZDD05971	大豆	仙居		ZDD21239	黄皮夏大豆	天台
	ZDD05972	小毛豆	仙居		ZDD21240	大粒黄	天台
	ZDD05973	小毛豆	仙居		ZDD21258	八月豆	三门
	ZDD05974	开裂豆	仙居		ZDD21259	半斤豆	仙居
	ZDD05975	六月豆	三门		ZDD21260	八月大豆	仙居
	ZDD05976	六月豆	三门		ZDD21261	基箩豆	仙居
	ZDD05977	六月豆	三门		ZDD21262	大白豆	三门
	ZDD05986	五月豆	黄岩		ZDD21263	米豆	仙居
	ZDD05987	立秋豆	黄岩		ZDD21264	大脐豆	仙居
	ZDD05988	六月白	黄岩		ZDD21414	白毛贼勿要	临海
	ZDD06007	青皮豆	天台		ZDD21415	长脚毛豆	临海
	ZDD06008	六月豆	天台		ZDD21416	平山秋大豆	天台
	ZDD06015	六月豆	三门	野生大豆	ZYD04438		天台
	ZDD06016	六月白	黄岩		ZYD04439		天台
	ZDD06019	六月豆	临海		ZYD04440		天台
	ZDD06020	小白豆	仙居		ZYD04441		天台
	ZDD06021	青皮豆	仙居		ZYD04557		仙居

作物	统一编号	品种名称	原产地	作物	统一编号	品种名称	原产地
野生大豆	ZYD04559		天台	红花	ZHH00101	温岭红花	温岭
	ZYD04560		天台		ZHH00102	玉环红花	玉环
	ZYD04561		天台	蚕豆	H0000138	川黄小粒种	黄岩
	ZYD04562		天台		H0001081	绿皮小联	临海
	ZYD04563		天台		H0001082	本地种	三门
油菜	00000052	黄岩宁波种	黄岩		H0001083	黄脐牛踏扁	黄岩
	00000053	小荚白油菜	黄岩		H0001084	小粒种	黄岩
	00000054	三门油菜籽	三门		H0001085	宁波川	黄岩
	00000055	临海本地早油	临海		H0001086	中籽	温岭
	00000056	黑东油菜	临海		H0001087	四粒多	温岭
	00000057	温岭油菜	温岭		H0001111	绿皮	温岭
	00001395	黄岩黄叶种	黄岩		H0001178	白皮小联	临海
芝麻	ZZM02739	螺溪六棱	天台		H0001179	小青豆	临海
	ZZM02746	黑铁麻	黄岩		H0001180	绿皮本地种	三门
	ZZM02756	溪头白芝	黄岩		H0001181	川黄绿皮小粒	黄岩
	ZZM02757	螺溪四棱	天台		H0001182	绿小粒种	黄岩
	ZZM02765	福山黄芝	玉环		H0001183	选启豆一号	黄岩
	ZZM02770	多枝黑芝麻	仙居		H0001184	小莲	黄岩
	ZZM03833	矮秆芝麻	天台		H0001185	绿皮中籽	温岭
花生	Zh.h1819	天台直藤小种	天台		H0001186	小粒种	温岭
	Zh.h2288	仙居双庙小粒	仙居		H0001235	白壳豆	临海
	Zh.h4710	天台拔子	天台		H0001236	白驼粒豆	临海
	Zh.h4713	油花生	黄岩		H0001265	本地种	临海
	Zh.h4714	黄岩二粒种	黄岩		H0001266	黄脐本地种	临海
	Zh.h4716	黄岩勾鼻生	黄岩		H0001267	本地小蚕豆	临海
	Zh.h4717	临海勾鼻生	临海		H0001268	牛踏扁	黄岩
	Zh.h4918	仙居三粒种	仙居		H0001269	川黄黄脐小粒	黄岩
	Zh.h4919	临海麻皮花生	临海		H0001270	本地大粒种	黄岩
	Zh.h4920	宁海三粒种	临海		H0001295	红壳豆	三门
	Zh.h5070	天台早熟花生	天台		H0003588	白皮豆	三门
	Zh.h5071	天台大红毛	天台		H0003589	白皮中籽	温岭
	Zh.h5072	天台小红毛	天台		H0003614	绿皮豆	临海
	Zh.h5073	粒粒香花生	仙居		H0003615	青皮豆	临海
	Zh.h5074	黄岩直立花生	黄岩		V07H0082	川豆	仙居

续表

作物	统一编号	品种名称	原产地	作物	统一编号	品种名称	原产地
苎麻	ZZM00107	天台铁麻	天台	萝卜	V01A1067	大山萝卜	临海
	ZZM00108	天台大叶白	天台		V01A1068	白小长萝卜	临海
	ZZM00109	天台野青麻	天台		V01A1079	仙居萝卜	仙居
	ZZM00110	天台青麻	天台		V01A1080	仙居长萝卜	仙居
	ZZM00111	天台大叶青	天台		V01A1081	仙居圆萝卜	仙居
	ZZM00117	临海青麻	临海		V01A1958	大岭头萝卜	临海
甘蔗	CO0057	温岭果蔗	温岭	大白菜	V02A1545	乌皮黄芽菜	临海
	CO0063	肚度种	温岭		V02A1550	仙居黄芽菜	仙居
甘薯	ZS000025	温岭红皮	温岭		V02A1551	蒿菜	玉环
	ZS000040	红毛	温岭	白菜	V02B0584	乌皮青菜	临海
	ZS000044	红皮黄心	温岭		V02B0585	盘心白菜	临海
绿肥	00000364	温岑种	温岭		V02B0586	花叶高脚白菜	临海
	00000366	玉环种	玉环		V02B0605	仙居四季青菜	仙居
满江红	00000488	山门4号	三门		V02B0606	仙居白菜	仙居
茶	00000456	迟乌皮种	临海		V02B0607	厚帮油冬菜	仙居
	00000457	临海中性茶	临海		V02B1270	药山小青菜	黄岩
	00000458	水古茶	临海		V02B1279	玉环小白菜	玉环
	00000461	临海藤茶	临海		V02B1283	扭藤白菜	临海
	00000466	天台南山种	天台		V02B1295	临海四月慢	临海
	00000478	大山早黄茶	临海	叶芥菜	V03A0370	鸭脚爬	椒江
	00000479	蓝田早青茶	临海		V03A0371	粗叶花芥菜	临海
	00000480	大山乌皮茶	临海		V03A0372	乌皮芥菜	临海
	00000528	天台1号	天台		V03A0373	细叶花芥菜	临海
	00000824	天台种	天台		V03A0374	橘皮芥	临海
桑	10-00062	温岭真桑	温岭		V03A0375	大芥菜	临海
	10-00096	桐乡青四-2	临海		V03A0400	鸡啄芥	仙居
	10-00097	桐乡青四-1	临海		V03A0401	肖菜	仙居
	10-00102	大墨斗4x	临海		V03A0923	大叶芥	玉环
	10-00104	湖197四	临海		V03A0930	扁芥	玉环
萝卜	V01A1060	沙埠萝卜	黄岩	茎芥菜	V03B0018	半碎叶榨菜	椒江
	V01A1063	大白长萝卜	临海		V03B0179	椒江全碎叶榨	椒江
	V01A1064	白石萝卜	临海	黄瓜	V05A0915	药山黄瓜	黄岩
	V01A1065	宿仙萝卜	临海	南瓜	V05C0517	五片腾南瓜	临海
	V01A1066	半椿萝卜	临海		V05C0518	起丁南瓜	临海

作物	统一编号	品种名称	原产地	作物	统一编号	品种名称	原产地
南瓜	V05C0519	无丁南瓜	临海	柑橘	GJLS0085	橘橙 439	黄岩
	V05C0524	普通南瓜	仙居		GJLR0231	曼橘	黄岩
	V05C1028	五瓣瓜	仙居		GJLR0233	朱红（实生）	黄岩
冬瓜	V05E0226	青冬瓜	临海		GJLR0234	朱红（嫁接）	黄岩
丝瓜	V05H0222	青顶白肚皮	黄岩		GJLR0271	满头红	黄岩
	V05H0224	白天萝	临海		GJLR0279	瓯柑	黄岩
	V05H0225	角萝	临海		GJLR0323	久能温州	黄岩
	V05H0229	长天萝	仙居		GJLR0328	早橘	黄岩
	V05H0446	长天罗	临海		GJLR0329	新本 1 号	黄岩
	V05H0448	青天罗	临海		GJLR0339	早黄本地早	黄岩
瓠瓜	V05I0168	白长蒲	临海		GJLR0341	十月橘	黄岩
	V05I0239	千斤蒲	临海		GJLR0343	黄岩椪柑	黄岩
菜豆	V07A3168	长金豆	仙居		GJLR0350	本地广橘	黄岩
豇豆	V07E1058	白皮豇豆	临海		GJLR0353	金橘	黄岩
	V07E1604	红豇豆	临海		GJLA0370	枸头橙	黄岩
	V07E1608	仙居花豇豆	仙居		GJLA0371	小红橙	黄岩
	V07E1611	白豇	仙居		GJLA0374	朱栾	黄岩
豌豆	V07G0201	白豌豆	临海		GJLG0447	日向夏	黄岩
	V07G0333	软荚剪豆	玉环		GJLG0450	世界蜜柚	黄岩
	V07G0334	玉环剪豆	玉环		GJLT0492	黄岩枳	黄岩
	V07G0336	剪豆	临海		GJLG0542	楚门文旦柚	玉环
	V07G0341	剪豆	临海				

表 3-2　列入浙江省首批农作物种质资源保护名录的台州 13 个种质资源

序号	作物	品种名称	别名
1	甜瓜	满月瓜	
2	芜菁	玉环盘菜	
3	薤	薤头	牛腿薤
4	荸荠	店头荸荠	
5	芋艿	乌杆白芋艿	
6	马铃薯	小黄皮	
7	蓣药	紫蓣药	
8	玉米	白籽 120 日	
9	绿豆	温绿 83	

续表

序号	作物	品种名称	别名
10	甘薯	红皮白心	小番薯
11	柿	朱红柿	松山柿
12	乌药	天台乌药	
13	苜蓿	温岭苜蓿	黄花苜蓿

三、品种选育

1. 科研机构的品种选育

1981 年 7 月，浙江省农业厅成立浙江省农作物品种审定委员会，正式启动全省农作物品种审定工作，台州建立相应的台州地区农作物品种审定小组（简称台州品审小组），负责开展本地区农作物品种的初审与申报等辅助工作。

台州科研机构积极参与新品种审定和认定工作，从 1981 年至 2015 年，通过浙江省农作物品种审定委员会审定新品种 26 个（表 3-3），通过认定新品种 21 个（表 3-4）。

表 3-3　台州科研机构选育（参与选育）经审定的农作物新品种（1983—2013）

作物种类	品种名称	品种由来	育成单位	审定单位	审定年份
早籼稻	台早 5 号	芫科 1 号 / 二九青	台州地区农科所	浙江省主要农作物品种审定委员会	1983
早籼稻	玉汕 1 号			台州品审小组	1984
杂交籼稻	汕优 10 号	珍汕 97A/ 密阳 46	台州地区农科所、中国水稻研究所	浙江省主要农作物品种审定委员会	1989
籼稻	协优 64	协青早 A/ 测 64-7	台州地区农科所	台州品审小组	1989
大麦	大麦 68	B111/ 浙农 6 号	临海市农科所	浙江省主要农作物品种审定委员会	1991
晚粳稻	台 202	秀水 11//76-27/ 农垦 58	台州地区农科所	浙江省主要农作物品种审定委员会	1993
杂交晚籼稻	协优 914	协青早 A/T914	台州市农科所	浙江省主要农作物品种审定委员会	1997
早籼稻	嘉早 43	嘉育 293/ZK787	台州市农科所	浙江省主要农作物品种审定委员会	1998
晚粳稻	台 537	台 202/ 嘉 25	台州市农科所	浙江省主要农作物品种审定委员会	1998

作物种类	品种名称	品种由来	育成单位	审定单位	审定年份
杂交早稻	早优49辐	早红突A/温恢49辐	台州市农科所	浙江省主要农作物品种审定委员会	1998
小麦	临麦32	74-6582/扬麦1号F1//71-1722/098F4	临海市农科所	浙江省主要农作物品种审定委员会	1999
糯稻	台糯1号	86-426/丙665///91-158//甲农糯/85-79	台州市农科所	浙江省主要农作物品种审定委员会	2003
杂交晚籼稻	协优5968	协青早A/t5968（t1860/M105//t2092）	台州市农科所	浙江省主要农作物品种审定委员会	2003
杂交晚籼稻	协优4090	协青早A/t4090	台州市农科院	浙江省主要农作物品种审定委员会	2006
杂交晚粳稻	甬优1460	甬粳2号A/T1460	台州市农科院	浙江省主要农作物品种审定委员会	2006
杂交晚籼稻	丰优54	奥丰A/t54	台州市农科院、临海市粮油站	浙江省主要农作物品种审定委员会	2008
杂交晚籼稻	协优2226	协青早A/T2226	台州市农科院、浙江勿忘农种业	浙江省主要农作物品种审定委员会	2010
常规早籼稻	台早518	嘉育253/嘉943	台州市农科院	浙江省主要农作物品种审定委员会	2009
常规早籼稻	台早733	JS01-41//台早12/嘉早43	台州市农科院	浙江省主要农作物品种审定委员会	2012
青花菜	台绿1号	B19-10-1-2-1×Br60-2-2-1-2	台州市农科院、浙江勿忘农种业	浙江省主要农作物品种审定委员会	2011
丝瓜	台丝1号	金华白丝瓜/温岭白丝瓜	台州市农科院	浙江省主要农作物品种审定委员会	2011
丝瓜	台丝2号	Ps2-10-3-6-12-8/Ps1-3-5-2-9-6	台州市农科院	浙江省主要农作物品种审定委员会	2012
蓝莓	密斯黛	FL67-1/Avonblue	台州市君临蓝莓有限公司引进	浙江省主要农作物品种审定委员会	2012
丝瓜	台丝3号	白籽丝瓜/铁皮丝瓜	台州市农科院	浙江省主要农作物品种审定委员会	2013
青花菜	台绿2号	引进材料转育不育系/引进品种选育自交系	台州市农科院、浙江勿忘农种业	浙江省主要农作物品种审定委员会	2014
杂交晚籼稻	钱优1890	钱江1号A/T1890	台州市农科院	浙江省主要农作物品种审定委员会	2015

表3-4　台州选育经浙江省农作物审定委员会认定的部分品种

作物种类	品种（组合）名称	育成（引入、申报）单位	认定年份
早籼稻	143	台州地区农科所	1983
早籼稻	141	台州地区农科所	1983
杂交粳稻	七优2号	台州地区农科所	1990
甜椒	中椒4号	天台县农业局蔬菜站	1998
芥菜	台芥1号	台州市农科院	2008
茶树	水古茶	临海市特产站	1987
茶树	藤茶	临海市特产站	1987
茶树	香山早1号	三门县珠岙镇政府	2008
柑橘	玉环柚（楚门文旦）	玉环县特产局	1987
	黄岩本地早	黄岩市特产局	1992
	槾橘	黄岩市特产局	1992
	早橘	黄岩市特产局	1992
	东江本地早	浙江省柑橘研究所、黄岩区林特局	2007
	温岭高橙	温岭市林特局	1997
枇杷	洛阳青	黄岩市特产局	1992
杨梅	黄岩东魁	黄岩市特产局	1992
杨梅	桐子杨梅	三门县林特局	2000
芋艿	沙埠早乌芋	黄岩区沙埠镇政府	1998
茭白	黄岩双季茭白	黄岩区蔬菜办	1998
甘蔗	温联果蔗	温岭市农技推广站	2000
甘蔗	温联2号果蔗	温岭市农技推广站	2008

2. 地方与群众自发的品种选育

1950—1990年，全市各地开展了自主品种选育，共选育了24个品种，涉及早稻、晚稻、小麦、西瓜等农作物（表3-5）。

表3-5　地方与群众自发选育的品种

县	品种名称	选育过程	年份	选育者
三门	李华稻	泗淋乡桃峙村农民稻选育	1950	李华
温岭	晚籼糯京稻	在晚糯稻中单穗选出	1950	陈妙寿
	晚糯莞渭一号	在晚粳稻中单穗选出	1956	陈继铭

县	品种名称	选育过程	年份	选育者
温岭	早粳红旗	在早粳卫国中单穗选出	1959	匡毅
	早粳跃进一号	从早粳原子号中单穗选出	1959	匡毅
	晚粳守照一号	在晚粳稻中单穗选出	1959	应守照
	米麦戴麦种	田间单株选育	1970	县良种场
	早稻矮大谷	从早稻中单穗选出	1970	县良种场
	晚稻新大广一号	从晚粳稻中单穗选出	1970	县良种场
	西瓜岭育一号	田间单株选育	1986	王景鸣
玉环	晚粳祯立稻	从晚粳稻单穗选育而成	1959	强芷祯李舜立
	晚粳繁荣稻	从晚稻单穗选育而成	1953	李日荣
	早籼无毛稻	从早粳稻中单独选留	1955	清港农民
	早粳福寿一号	从有芒沙粳中单穗选育而成	1956	孙福寿
	玉灿1号	从早粳143中单株选育而成	1978	金保林
玉环	79（2）-4 79（20）-2	以鉴15为母本，嘉湖A号为父本进行有性杂交选育而成的姐妹系糯稻品种	1979	郑金焕
黄岩	大乌嘴糯	从糯稻中单株选育		杨匡保
路桥	矮南早一号	田间选育的种子经单本插—倒春种—繁育—推广	1963	尤宝才等
椒江	南引糯	由三甲制种人员从海南引入，经本区单选而成		朱宣土地区农科所
	晚粳甲农66	从晚粳稻中单穗选出		
	晚糯甲农糯	从晚糯稻中单穗选出		
	甲农辐糯	从晚糯稻中单穗选出		
仙居	小麦831	从矮秆品种中株选培育而成	1990	顾西和

新品种引进试验与示范推广

　　《宋史》记载台州种子引进始于宋真宗，"大中祥符四年（1011年）……帝以江淮、两浙稍旱即水田不登，遣使就福建取占城稻三万斛，分给三路为种，择民田高仰者种之，盖早稻也……"。

　　之后，各年代台州各种作物的引种工作未曾间断。

　　……

　　1985年，引进试种啤酒麦品种12个，优质米品种27个。

　　1986年，引进试种11种作物新品种109个，在9个区试点建立50多个基地，推广早稻优质米3000亩，成立早杂优攻关协作小组。

　　1987年，共引进试种80个粮食作物新品种，建立13个区试点、1539个试验基地。

　　"十五"期间，全面实施种子工程，完成了一批基础设施建设项目，重点是省级水稻新品种试验展示基地——椒江三甲街道、天台平桥镇。同期，不断引进和推广国内外各类作物优良新品种，农作物品种繁育和利用也取得显著成效，年引进品种在200个以上（不包括蔬菜和花卉苗木），推广利用率在25%以上，主要农作物的良种覆盖率达95%以上。据统计，2006—2008年，全市平均每年引进各类农作物（包括蔬菜与花卉苗木）新品种数量在300个以上，展示、示范、推广各类农作物新品种100万亩以上。以作物种类分，推广面积最大的是水稻，2006—2008年累计推广各种水稻新品种250.12万亩，其中两优倍九推广50.83万亩、甬优6号推广45.76万亩、中浙优1号推广41.48万亩。

　　2008年开始，加大了主导品种推广面积，从2008年的78.8万亩增长到

2015 年的 107.6 万亩（表 4-1）。

2013 年，全市种子管理部门共引进各类农作物新品种 336 个，其中水稻 69 个，油菜 12 个，玉米 10 个，春、秋大豆 15 个，西瓜、甜瓜 20 个，其他 蔬菜类 210 个；建立各类新品种示范方 90 个，面积达 7.5 万亩。甬优 12、甬 优 538、甬优 1540、浙优 18 等新品种示范方，通过实割验收，平均亩产均超 过 820 公斤。2013 年全市共推广水稻主导品种面积达 92 万亩。以甬优系列为 主的籼粳杂交水稻（占全市单晚面积 65%）的大力推广，使晚稻单产提高到 了一个新的高度。

表 4-1　主导品种推广面积

年份	主导品种推广面积／亩	水稻主导品种面积	油菜主导品种面积
2008	788325	671140	103385
2009	1018245	860301	125824
2010	811621	675050	125271
2011	800677	640534	121355
2012	982523	799613	127650
2013	1174615	922695	132385
2014	1012210	859033	123700
2015	1076248	871120	112028

2008—2015 年，市农科院和天台、椒江、黄岩、仙居等地承担省种子总 站水稻、小麦、玉米、大豆、西瓜作物品种区域试验，包括单季杂交籼稻筛 选试验，连作晚籼稻筛选试验，连作杂交籼稻区试 A 组，连作杂交籼稻区试 B 组，西瓜品种区试 C 组，西瓜作物品种试验露地组等。各地同时每年自行 安排引进的水稻、玉米等农作物新品种试验。

一、台州市主要农作物主导品种

从 2008 年开始，台州每年发布全市主要农作物主导品种推介意见。

2008 年主要农作物主导品种包括：嘉育 253、金早 47、中早 22、杭 959 （早稻）；超甜 2018、超甜 3 号、苏玉糯（春玉米）；辽鲜 1 号、浙春 2 号、台湾 75（春大豆）；早佳 84–24、浙密 3 号（西瓜）；东农 303、克新 4 号（马铃薯）；泗棉 3 号（棉花）。

2009 年主要农作物主导品种包括：金早 47、嘉育 253、中早 22、中嘉早 32（早稻）；秀水 09、秀水 63、嘉 991（晚粳稻）；甬优 6 号、甬优 1 号、秀优 5 号（杂交晚粳稻）；中浙优 1 号、两优培九、协优 5968、协优 9308、甬优 9 号（杂交晚籼稻）；甬优 5 号、甬优 10 号（杂交糯稻）；台糯 1 号（晚糯稻）；超甜 2108、超甜 3 号（甜玉米）；苏玉糯 1 号、浙糯玉 1 号（糯玉米）；辽鲜 1 号、浙春 2 号、台湾 75（春大豆）；浙秋豆 2 号、浙秋豆 3 号（秋大豆）；沪油 15、浙双 72、浙双 6 号（油菜）；早佳 84–24、浙蜜 3 号（西瓜）；慈抗杂 3 号（棉花）；东农 303、克新 4 号（马铃薯）；温麦 10 号、浙麦 2 号、浙丰 2 号、扬麦 12（小麦）。

2010 年主要农作物主导品种包括：金早 47、中嘉早 17、中早 22、嘉育 253（早稻）；秀水 09、秀水 123、嘉 991、秀水 63（晚粳稻）；甬优 6 号、甬优 8 号、秀优 5 号、甬优 1 号、春优 58（杂交晚粳稻）；甬优 9 号、中浙优 1 号、中浙优 8 号（杂交晚籼稻）；甬优 5 号、甬优 10 号（杂交糯稻）；台糯 1 号、祥湖 301、绍糯 9714（晚糯稻）；超甜 3 号、浙甜 2018、华珍（甜玉米）；苏玉糯 2 号、浙凤糯 2 号（糯玉米）；辽鲜 1 号、浙春 2 号、台湾 75（春大豆）；浙秋豆 2 号、浙秋豆 3 号（秋大豆）；浙油 18、浙双 72、浙双 6 号（油菜）；早佳、浙蜜 3 号、早春红玉（西瓜）；慈抗杂 3 号（棉花）；东农 303、中薯 3 号（马铃薯）；扬麦 12、浙丰 2 号、温麦 10 号（小麦）。

2011 年主要农作物主导品种包括：金早 47、中嘉早 17、嘉育 253（早稻）；秀水 09、秀水 123、嘉 991（晚粳稻）；甬优 6 号、甬优 12、甬优 8 号、秀优 5 号（杂交晚粳稻）；苏玉糯 2 号、浙凤糯 2 号（糯玉米）；辽鲜 1 号、浙春 2 号、台湾 75（春大豆）；浙秋豆 2 号、浙秋豆 3 号（秋大豆）；浙油 18、浙油 50、浙双 72（油菜）；早佳、平 87–14、浙蜜 3 号、早春红玉（西瓜）；慈抗杂 3 号（棉花）；东农 303、中薯 3 号（马铃薯）；扬麦 12、浙丰 2 号、温麦 10 号（小麦）。

2012 年主要农作物主导品种包括：金早 47、中早 39、嘉育 253（早稻）；秀水 09、秀水 123、秀水 134（晚粳稻）；甬优 9 号、甬优 12 号、浙优 12、甬优 8 号、秀优 5 号（杂交晚粳稻）；中浙优 8 号、中浙优 1 号（杂交晚籼稻）；甬优 5 号、甬优 10 号（杂交糯稻）；台糯 1 号、祥湖 301、绍糯 9714（晚糯稻）；浙甜 2018、华珍（甜玉米）；苏玉糯 2 号、浙凤糯 2 号（糯玉米）；辽鲜 1 号、浙春 2 号、台湾 75（春大豆）；浙秋豆 2 号、浙秋豆 3 号（秋大豆）；浙油 50、浙双 72（油菜）；早佳、平 87-14、浙蜜 3 号、早春红玉（西瓜）；慈抗杂 3 号（棉花）；东农 303、中薯 3 号（马铃薯）；浙丰 2 号、温麦 10 号、扬麦 12（小麦）。

2013 年主要农作物主导品种包括：中早 39、金早 47、嘉育 253（早稻）；秀水 134、秀水 09（晚粳稻）；甬优 9 号、甬优 12 号、浙优 12、甬优 8 号（杂交晚粳稻）；中浙优 8 号、中浙优 1 号（杂交晚籼稻）；甬优 10 号（杂交糯稻）；绍糯 9714、台糯 1 号、祥湖 301（晚糯稻）；浙甜 2018、华珍（甜玉米）；苏玉糯 2 号、浙凤糯 2 号（糯玉米）；辽鲜 1 号、浙春 2 号、台湾 75（春大豆）；浙秋豆 2 号、浙秋豆 3 号（秋大豆）；浙油 50、浙双 72（油菜）；早佳、平 87-14、浙蜜 3 号、早春红玉(西瓜)；慈抗杂 3 号(棉花)；东农 303、中薯 3 号(马铃薯)；浙丰 2 号、温麦 10 号、扬麦 12（小麦）。

2014 年主要农作物主导品种包括：中早 39、中嘉早 17、嘉育 253（早稻）；秀水 134、秀水 09、绍糯 9714；甬优 9 号、甬优 15、中浙优 8 号、中浙优 1 号（杂交晚籼稻）；甬优 12、春优 84（杂交晚粳稻）；华珍、浙凤甜 2 号、金玉甜 1 号（甜玉米）；浙凤糯 2 号、美玉 8 号（糯玉米）；郑单 958（普通玉米）；浙农 6 号、台湾 75、引豆 9701（春大豆）；浙秋豆 2 号、衢鲜 2 号（秋大豆）；浙油 50、浙大 619、浙双 72、浙油 18（油菜）；早佳、浙蜜 3 号、早春红玉、拿比特（西瓜）；扬麦 12、扬麦 158（小麦）；中薯 3 号、东农 303（马铃薯）；湘杂棉 8 号（棉花）。

2015 年主要农作物主导品种包括：中早 39、中嘉早 17（早稻）；秀水 134、嘉 58、绍糯 9714；甬优 9 号、甬优 15、中浙优 8 号、中浙优 1 号（杂交晚籼稻）；甬优 12、浙优 18、甬优 538、春优 84（杂交晚粳稻）；华珍、金玉甜 1 号（甜玉米）；浙凤糯 2 号、美玉 8 号（糯玉米）；郑单 958、济单 7 号（普通玉米）；浙农 8 号、辽鲜 1 号、浙农 6 号（春大豆）；浙秋豆 2 号、衢鲜 2 号（秋大豆）；浙油 50、浙大 619、浙油 18、中双 11（油菜）；早佳、浙蜜 3 号、早春红玉、拿比特（西瓜）；扬麦 12、浙丰 2 号、扬麦 18（小麦）；浙薯 13、徐薯 18（甘薯）；中薯 3 号、东农 303（马铃薯）；湘杂棉 8 号（棉花）。

二、各地新品种引进试验与示范推广概况

1. 椒江区

2001 年开始，椒江区引进两优培九等两系杂交组合 5 个及籼型杂交组合 2 个；2002 年继续筛选两系组合，两优培九逐渐显示出产量高、米质优良的特性；2003 年，共引进中浙优 1 号、两优培九、嘉早 253 等早晚稻品种 9 个，分别在章安前街、下陈前阮、前所下西村等地试验筛选。当年推广金早 47、加早 935 等优质早籼 0.86 万亩，推广杂交水稻 6.27 万亩（其中新组合 0.25 万亩）；推广台湾 75 鲜食大豆 0.80 万亩，日本一寸蚕豆 0.02 万亩；其他瓜果蔬菜优良品种 0.20 万亩。

2004 年，引进杭 959 等早稻新品种 2 个，甬优 6 号、中浙优 1 号等杂交新组合 9 个，东糯 3 号糯玉米品种，辽鲜 1 号等大豆新品种 3 个，其他各类瓜果蔬菜品种 20 个。推广金早 47、早籼 903、加早 936 等优质早籼品种 1.51 万亩；推广杂交水稻 6.68 万亩，其中新组合 0.45 万亩，优质组合协优 9308、中浙优 1 号等 5.11 万亩。推广台湾 75 等鲜大豆品种 1.05 万亩，日本一寸蚕豆 0.15 万亩。推广其他瓜果蔬菜优良品种 0.20 万亩。

2005 年，引进甬籼 57 等早稻新品种 2 个，内两优 6 号、国稻一号等杂交组合 10 个，嘉 991、浙糯 5 号等常规粳、糯稻品种 2 个，各类瓜果蔬菜 8 个。推广金早 47、杭 959 等早籼品种 0.83 万亩；推广杂交水稻 6.36 万亩，推广组合协优 9308、甬优 6 号等 5.06 万亩；推广常规粳、糯稻新品种 0.35 万亩。推广台湾 75、辽鲜一号等鲜大豆品种 1.25 万亩，日本一寸蚕豆 0.15 万亩。推广

其他瓜果蔬菜优良品种 0.20 万亩。引进的鲜食大豆品种辽鲜 1 号通过浙江省农作物品种审定委员会审定，该项目获浙江省农业丰收奖三等奖。

"十一五"期间，完成了一批种子基础设施建设项目，重点是省级水稻新品种试验展示基地——三甲街道坚决村，每年试验展示新品种 10 多个；加快了新品种的引进、试验、示范、推广，累计引进水稻、大豆、小麦、玉米、油菜和瓜菜等作物新品种（系）150 多个，早稻、杂交水稻等主要农作物均进行了一次更新、更换。特别是甬优系列超级稻（如甬优 9 号、甬优 12）的引进、试验、示范及大面积推广。累计推广以甬优系列组合为主的超级稻新组合 15.8 万亩。"超级稻新组合及配套技术推广"获得台州市科技进步奖三等奖。椒江区种子管理站站长包祖达同志由此获得了浙江省政府颁发的"浙江省农业科技成果转化先进个人"称号。

2006 年，引进宜香优 1577、秀优 5 号等水稻新品种 7 个；引进丽云、长豇豆、台中 16、菊花菜、法国西葫芦等蔬菜新品种 8 个；鲜大豆品种 10 个。推广各类优质良种 10.7 万亩，其中优质水稻 8.5 万亩（超级杂交水稻 5.11 万亩），大豆、玉米 2.2 万亩。由椒江区种子推广站承担的省财政项目"椒江区名特优杂粮新品种引进、试验及展示"通过了由省市专家组成的专家组验收。该项目的实施促进了境区以鲜食大豆和糯玉米为主的杂粮新品种的推广应用。其中，2005—2006 年两年合计推广辽鲜一号等杂粮新品种 1 万余亩，平均每亩鲜豆荚产量 725 公斤，取得了显著的经济和社会效益。

2007 年，引进中早 23、加育 253 等早稻新品种 4 个，中浙优 8 号、甬优 9 号、丰两优香一号等杂交晚稻新组合 8 个，浙 303、浙 49047、浙农 6 号等鲜食春大豆新品种 8 个，蔬菜新品种 7 个（其中 4 个蔬菜耐寒新品种）。推广优质早籼品种 0.86 万亩，优质杂交水稻 5.3 万亩，常规粳、糯稻良种 0.45 万亩。推广鲜大豆良种 0.57 万亩，日本一寸蚕豆 2.25 万亩，其他瓜果蔬菜良种 0.25 万亩。

2008 年，引进中浙优 8 号、甬优 9 号等杂交晚稻新组合 12 个 [1]；鲜食春

---

[1] 引种试验一般 2~3 年，引种试验期间，该品种都算作引进的新品种。

大豆新品种5个（H0331、H0346、沪23-9-7等），秋大豆新品种5个（衢20015、丽鲜1号等）；引进蔬菜新品种4个（法国西葫芦圣玉、日本尖椒川崎佳美、以色列番茄6629等）。

2009年，引进的6个单晚新组合和5个连晚新组合在三甲街道坚决村进行比较试验，筛选出甬优12、甬优14等可扩大种植的新组合。引进蔬菜新品种5个：法国西葫芦罗西娜，日本尖椒金福、川智长崎，以色列番茄0390、金矮红等。

2010年，引进各类农作物优良品种25个，其中鲜食春大豆新品种6个（浙引2号等），鲜食秋大豆6个（衢鲜二号等），甬优11号（新）、甬优3101、甬优538等单杂交晚稻交新组合11个，并分别进行新品种引进试验。经过试验发现了一些表现较好的新品种（组合），如浙农5号和萧农秋艳等鲜食大豆品种，以及甬优12号、甬优13号、甬优538、甬优3101、深两优5867、黄华占等杂交水稻新组合，为引种推广打下了基础。引进了极佳F1、连富一号、连富二号、克拉斯曼F1、雪莱特、兴红三号、8704、红冠二号、欧来亚、0390、金矮红、金瑞得等12个番茄品种。

2011年，引进早稻新品种台早518，甬优1512、甬优1510、甬优538等6个晚稻新组合，奎鲜1号等8个鲜食春大豆新品种，6个瓜果类新品种，11个蔬菜新品种。另外，从四川省水稻所引进2个优质香米新品种；从浙江省农科院、中国水稻研究所分别引进1个籼杂组合。经试验，鲜食春大豆奎鲜1号、早稻中早39、晚稻甬优1510、甬优538等产量高、长势好，增产潜力明显。

2012年，引进甬优5550、甬优540、春优84等9个杂交水稻新组合，并落实在三甲坚决粮食功能区内的试验示范；引进6个瓜菜类新品种并在农场进行试验，以筛选适应本区种植的农作物高产新品种。对早稻新品种台早518进行试验示范，将奎鲜1号、H19等8个鲜食春大豆新品种安排在前所基地试验。

2013年，引进各类农作物新品种32个。其中引进开科源特早和杭鲜豆2号等8个鲜食春大豆新品种并安排在前所基地试验，同时对上一年表现较好的奎鲜 2 号进行生产试验；落实甬优 20、甬优 7840、春优 149 等 8 个杂交水稻新组合在三甲坚决粮食功能区内的试验示范；引进甬优 2640、五优 308 等 4 个杂交水稻新组合并在章安开展连晚机插品比试验；引进甬优 5550、甬优 362 等 8 个杂交水稻新组合并在前所东路设置连晚新组合比较试验，以筛选适应本区种植的连晚新组合；引进 6 个甜瓜新品种、5 个蔬菜新品种（杭茄 3 号等），并在农场进行试验。在适应本区种植的农作物高产新品种筛选过程中，表现较好的有鲜食大豆奎鲜 2 号、杂交水稻甬优 20 等。

2014 年，引进各类农作物新品种 37 个。其中，引进中早 35 等 13 个早稻新品种并将其安排在前所东路进行直播栽培展示；引进甬优 7872、甬优 5372、NK402 等 10 个杂交水稻新组合并在三甲坚决粮食功能区内试验示范；引进 6 个丝瓜新品种并在前所进行试验。表现较好的有早稻中早 35，杂交水稻甬优 7840 等。

2015 年，积极引进晚稻、鲜食大豆等新品种进行试验，以筛选适应本地种植的高产新品种。引进单晚新组合 9 个、连晚新组合 4 个、鲜食春大豆新品种 9 个，分别安排在三甲坚决、前所东路、前所绿联本站基地试验，同时安排单晚新组合甬优 1540、鲜食春大豆浙农 8 号进行高产栽培试验等；引进台丝 3 号等丝瓜品种 2 个。

1990—2015 年椒江区良种引进情况统计见表 4-2。

表 4-2　椒江区良种引进情况统计

年份	共引进品种 / 个	水稻品种 / 个	其他粮食作物品种 / 个	瓜果类品种 / 个	蔬菜类品种 / 个	其他作物品种 / 个
1990	29	8	7	2	12	2
1991	35	13	10	3	8	1
1992	46	32	5	2	7	3
1993	27	15	4	3	5	1
1994	29	20	2	1	6	0
1995	27	18	2	0	7	2
1996	21	14	0	2	5	1

年份	共引进品种/个	水稻品种/个	其他粮食作物品种/个	瓜果类品种/个	蔬菜类品种/个	其他作物品种/个
1997	23	15	2	2	4	0
1998	23	8	4	3	6	2
1999	27	14	2	5	6	0
2000	32	6	0	6	20	0
2001	37	17	5	0	13	2
2002	33	12	6	2	12	1
2003	27	14	6	2	5	0
2004	25	12	7	2	4	0
2005	23	14	6	0	3	0
2006	29	7	10	2	8	0
2007	30	12	6	3	7	2
2008	28	15	7	2	4	0
2009	30	14	11	0	5	0
2010	37	11	12	2	12	0
2011	42	13	12	6	11	0
2012	23	9	8	6	0	0
2013	32	12	8	6	6	0
2014	37	23	8	0	6	0
2015	24	13	9	0	2	0

2. 黄岩区

1989—1990 年黄岩区示范推广汕优 10 号、协优 46，1998 年示范推广协优 914、协优 9308，2003—2005 年示范中浙优 1 号、甬优 6 号，2009 年示范甬优 12、甬优 9 号，2003 年示范以色列番茄新品种汉克，通过农作物新品种的示范、展示平台的建设和运用，加快了新品种的推广速度（表 4-3）。

2005 年，在上垟乡西洋村筹建黄岩区省级农作物品种区域试验站。2005 年 12 月，该区试站被正式列入浙江省种子种苗工程建设计划（浙农计发〔2005〕75 号文件），并于 2007 年建成后投入使用，承担省级水稻、西瓜品种区试工作和本区的水稻新品种引种试验任务。2008 年 4 月，区试站建设项目通过省级验收。

表 4-3 黄岩区良种引进情况统计

年份	共引进品种 /个	水稻品种 /个	其他粮食作物品种 /个	瓜果类品种 /个	蔬菜类品种 /个	其他作物品种 /个
1990	43	25	6	12	0	0
1991	46	23	5	18	0	0
1992	56	33	8	15	0	0
1993	54	30	8	16	0	0
1994	47	29	4	14	0	0
1995	59	30	7	22	0	0
1996	35	17	7	11	0	0
1997	68	39	10	19	0	0
1998	51	20	8	23	0	0
1999	46	25	8	13	0	0
2000	50	23	4	23	0	0
2001	48	21	5	22	0	0
2002	42	19	4	19	0	0
2003	53	15	6	16	16	0
2004	55	23	8	14	10	0
2005	46	16	5	12	13	0
2006	64	19	7	16	22	0
2007	52	14	9	14	15	0
2008	58	18	10	14	16	0
2009	49	14	8	15	12	0
2010	49	15	6	16	12	0
2011	46	17	5	13	11	0
2012	45	13	9	13	10	0
2013	70	14	6	14	26	10
2014	58	16	8	15	9	10
2015	70	15	8	20	15	12

1989—2007 年，黄岩区种子公司（种子技术推广站）承担了水稻品种的引进示范推广工作。

1989 年，早稻主导品种为二九丰，辐籼 6 号、浙辐 9 号被引进示范。1992 年，成功推广浙 733（浙 733 共 8 年为主导品种）；开展的引进试验品种有 88-293、903、中 906、Z9143、中早 4 号等。1999 年，引进加育 948、加935。2003 年，引进推广金早 47，该品种共 8 年为主导品种。2014 年，推广中早 39。

在常规粳稻品种方面，1989—1991 年，示范秀水 11；1992 年，推广品种台 202；1993—1996 年，引进丙 1067、丙 91-17、丙 91-47；1997—2001 年，推广秀水 63；2002—2007 年，推广秀水 52；2009—2011 年，推广秀水 123；2001—2014 年，推广秀水 134。多年来，黄岩的常规粳稻以嘉兴市农科院选育的品种为主。

在常规糯稻品种方面，1989—1991 年，引进推广 83-25、祥湖 84；1992—1996 年，示范推广 90-98；1997—2001 年，示范推广丙 94-08；2003—2004 年，示范加 65；2005—2006 年，引进台糯 1 号；2007—2008 年，引进浙糯 5 号；2009—2013 年，推广祥湖 301；2014 年，常规糯稻品种杂交化，以示范甬优10 号杂交糯稻品种为主。

在杂交水稻方面，1989—1990 年，以汕优 6 号为当家品种，引进示范汕优 10 号、协优 46，推广单季稻汕优 63；1991—1998 年，连作晚稻以汕优 10 号、协优 46，单季稻以汕优 63、Ⅱ优 62-16 为主导品种；1990—1993年，推广杂交粳稻台杂 2 号（后定名七优 2 号，由台州地区农科所选育）种子 52006.4 公斤；1990—1992 年，推广杂交早稻汕优浙 1（浙江省农科院选育）种子 33652.06 公斤。经过 4 年的试验、示范，协优 914、协优 9308 取代汕优10 号、协优 46；2003—2005 年，开始引进、示范超级稻品种中浙优 1 号、中浙优 8 号、甬优 6 号、甬优 12；2006 年，甬优 6 号、中浙优 1 号成为主导品种；2010—2011 年，甬优 12、中浙优 8 号分别取代甬优 6 号、中浙优 1 号，成为主导品种。甬优 6 号、甬优 12 的推广，刷新了黄岩单季杂交水稻的亩产记录。2006 年，黄岩区院桥镇前宅村章高勇种植的 1.115 亩甬优 6 号经台州市农业局全田实割验收，亩产为 836 公斤；2012 年，院桥镇牛极村百亩甬优12 示范方经台州市农业局验收，核心区平均亩产为 877.5 公斤，其中胡友章所种的 1.03 亩甬优 12 攻关田亩产达 933.03 公斤。1989—2014 年，推广杂交水稻种子共 158.68 万公斤，其中每年种植面积最大的 4 个品种计 144.20 万公斤，占 90.87%，突出了推广的主导品种。从 2004 年引进试验甬优 6 号开始，到 2014 年共推广甬优系列杂交水稻种子 13.25 万公斤，可种植 23 万亩左右，占同期杂交水稻种子总供应量的 52.35%。其中，2008 年推广的甬优系列杂交水稻种子占当年杂交水稻种子总供应量的 80%。2004—2014 年，甬优 6 号累计推广 12.04 万亩，甬优 12 累计推广 8.05 万亩，在黄岩的粮食生产中发挥了超级稻的增产作用。

番茄品种的引进示范：1995 年，引进示范合作 903 品种；2000 年，引进示范以色列等国外无限生产型耐贮运品种加茜亚、汉克，并在院桥建立试验示范基地；2003 年，示范推广汉克品种；2010 年前后，引进示范高盛品种。黄岩的番茄新品种示范展示基地被列入省 1+N 瓜菜新品种示范展示工作。通过农作物新品种的示范、展示，加快了新品种的推广速度。

省级农作物品种区域试验站建成后承担的主要试验包括：2008 年西瓜、水稻 6 组 64 个品种区试；2009 年水稻 5 组 51 个品种区试；2010 年水稻 7 组 69 个品种 178 个小（大）区试；2011 年水稻 8 组 72 个品种 148 个小（大）区试；2012 年水稻 5 组 98 个品种（系）146 个小（大）区试；2013 年籼型单季杂交水稻区试、筛选试验，籼粳杂交水稻生产试验共 5 组 63 个品种（系）149 个小（大）区试；2014 年单季籼杂 A、B 组，单季籼杂筛选 A、B、C 组区试。

3. 路桥区

路桥区建区后历年品种的引进情况见表 4-4。

1995 年，引进新品种并进行品比试验，设立大麦区试品种 4 个，早稻区试品种 16 个，晚稻区试品种 12 个。示范推广稻麦良种 22 万亩。

1996 年，引进新品种并进行品比试验。试验品种有大麦品种 4 个、早稻品种 16 个、晚稻品种 12 个。通过试验，选定中优级 906、Z91-43、协优 914 等作为示范品种。

1997 年，建立特约良种繁育基地 1000 多亩，创建站办良种繁育场（基地）250 多亩。完成品种试验 5 点 9 项 99 个区块。

表 4-4 路桥区良种引进情况统计

年份	共引进品种/个	水稻品种/个	其他粮食作物品种/个	瓜果类品种/个	蔬菜类品种/个	其他作物品种/个
1995	32	28	4	0	0	0
1996	26	21	5	0	0	0
1997	16	16	0	0	0	0
1998	21	18	2	0	0	1
1999	18	11	4	0	0	3
2000	27	17	0	4	6	0
2001	159	18	18	36	87	0
2002	94	13	0	15	63	3
2003	49	8	11	4	20	6
2004	43	13	0	15	15	0
2005	159	18	7	8	106	20
2006	62	8	0	0	54	0
2007	64	6	0	10	48	0
2008	68	16	0	12	35	5
2009	52	14	0	0	38	0
2010	44	10	0	4	30	0
2011	26	10	0	2	14	0
2012	28	10	0	2	16	0
2013	18	11	0	2	5	0
2014	19	10	0	2	7	0
2015	21	10	0	3	8	0

1998 年，引进稻麦新品种（组合）20 个，其中常规 7 个，杂交早稻 5 个，常规粳、糯稻 6 个，杂交粳、糯稻 2 个。安排品种试验 7 个，早籼嘉 948 各项栽培试验 5 个。引进棉花品种 1 个。

1999 年，在峰江镇对引进的 11 个杂交水稻新组合进行试验；在金清镇对引进的 8 个杂交水稻新组合进行试验示范。引进两系超级杂交水稻组合培矮64S/E32，试验面积 130 亩，平均亩产 532 公斤。在横街进行香两优 68 直播试验，亩产 400.17 公斤。同年进行 8 项 56 个大小区的水稻、蚕豆、棉花等品比试验。

2000 年，引进经济作物新品种 10 个，早稻新品种 6 个，杂交晚稻新组合 11 个，进行多点试种和品比试验。

2001 年，在路北南洋租地 5 亩用以建设一座 3000 平方米的钢架连栋大棚，开展名特优瓜菜新品种的引种试验。在九塘建成 100 亩瓜菜新品种示范基地，70 亩水稻新品种繁育基地。在桐屿立新、蓬街十塘和农垦场设立各类新品种试验示范、种子繁育基地，建立 50 亩花卉苗圃基地。与浙江省新品种引种开发中心和浙江省农科院引种中心协作建立瓜果新品种、新技术引繁育试验基地。是年，引进农作物新品种 159 个，其中水稻 18 个、豆类 14 个、玉米 4 个、瓜果 36 个、茄果类 26 个、叶菜类 15 个、瓜菜类 31 个，其他蔬菜 15 个。经过试种，100 多个新品种中有些品种表现了较大的市场潜力。

2002 年，引进各类新品种 94 个，其中水稻品种 13 个，瓜果蔬菜作物 78 个，花卉品种 3 个，扩大试种面积 1 万亩。在引进的经济作物新品种中，瓜果类 15 个，其中西瓜 10 个、甜瓜 5 个；茄果类 30 个，其中番茄 22 个、茄子 3 个，辣椒 5 个；瓜菜类 23 个，其中南瓜 10 个、西葫芦 2 个、黄瓜 9 个、浦瓜 2 个；叶菜类 10 个。将这些引进的新品种放在区引种中心、蓬街、路北、螺洋等科技示范户中试种示范，并从中选取了 19 个适合我区种植推广的品种。

2003 年，引进各种农作物品种 49 个，其中水稻单季杂交组合 8 个，蔬菜新品种 20 个，甜玉米新品种 9 个，西瓜、甜瓜品种 4 个，棉花新品种 2 个，大豆新品种 2 个，花卉品种 4 个。建立试验和示范点 13 处。其中，水稻品种试验点 1 处，示范点 2 处；蔬菜品种试验点 3 处，示范点 3 处；甜瓜示范点 1 处；棉花示范点 1 处；大豆示范点 1 处；花卉示范点 1 处。通过试种筛选出表现较好品种，如水稻中优 1 号等 4 个品种（组合），蔬菜 12 个品种，玉米超甜 2000、彩糯 2 号，番茄浙 203 等。

2004 年，共引进各类新品种（组合）43 个，其中水稻新品种 13 个、瓜果类 15 个、蔬菜类 15 个，分别在峰江、金清设立品种试验点。出现了一些表现较好的品种：①以色列番茄试种成功，该品种生长势强、产量高，果实大小均匀，商品性好，市场竞争力强，效益好。②兰溪水萝卜安排在桐屿、金清两个点试种，平均亩产1020公斤，亩效益442元，该项目受浙江省农技推广基金的资助。

2005年，引进各类新品种（组合）159个，其中水稻18个、蔬菜类106个、大麦2个、玉米5个、西甜瓜6个、台湾火龙果1个，美国蓝果1个、花卉20个。安排各地科技示范户、种植大户试种。共设立16个试验点，其中大麦1个、常规晚稻1个、单季杂交晚稻2个、蔬菜经济作物12个。通过试验比较，筛选表现较好品种19个：大麦1个——花30（矮秆、抗倒、产量高）；常规糯粳稻2个——浙糯5号（大穗、高产抗逆性好）和台糯1号（米质优，产量高，抗病性好）；蔬菜10个，包括无蔓果南瓜、粉皮冬瓜、元帅大江苦瓜、泰国油麦菜、津优江黄瓜、峰华柴油玫瑰番茄、乌塌菜、翘头青萝卜、台湾火龙果、生会甜玉米；还有韩国西蓝花绿富、泰国美人蕉、马兰花、峰华虞美人等花卉品种4个。同时示范推广品质优、效益好的瓜菜花卉品种。在金清、蓬街八、九塘推广绿雄90、圣绿等西蓝花1万余亩，津优1号黄瓜、杭州长瓜、尖椒新丰5号、春萝卜9646等蔬菜8603亩。

2006年，引进各类农作物新品种62个，其中蔬菜品种54个，水稻品种8个。建立蔬菜品种试验点4个，水稻新品种试验点2个。通过试验试种筛选出表现较好的品种6个，其中晚稻苗头品种2个，蔬菜苗头品种4个。

2007年，引进各类农作物新品种64个，其中水稻品种6个，瓜果蔬菜品种58个。建立水稻新品种试验点3个，瓜菜新品种试验点4个。积极推广优质高产良种，全区推广甬优6号等超级稻3.5万亩，水稻良种覆盖率达99.3%。建立的台州市百龙蔬菜工厂化育苗中心年生产能力7300万株，是浙江省首家蔬菜机械化育苗中心。

2008年，承担浙江省"0406"计划良种推广项目，试种16个新优品种，以推进品种更新换代。建立了蔬菜种苗中心，为农民培育蔬菜种苗3600万株；引进各类农作物新品种68个，在全区7个实施点进行试验示范。

2009年，引进各类农作物新品种52个，其中蔬菜品种38个，水稻品种14个。建立蔬菜品种试验点4个，水稻新品种试验点3个，生产性试验点2个（试验品种为春优58和中浙优8号）。完成育苗中心二期工程建设，推广工厂化种苗4000万株，辐射能力4万亩。

2010年，引进水稻、瓜菜等高产优质新品种44个。推广工厂化种苗6250万株，应用面积2.4万亩。开展番茄、西蓝花品种对比试验3个，甬优9号不同机插密度专项试验1个，甬优12和秀水134等新品种生产性试验2个。

2011年，引进水稻蔬菜新品种26个。完成番茄、西蓝花等新品种试验2个。完成水稻新品种适应性试验2个。全区建设水稻优质高产示范方16个，示范面积7750亩，其中省级高产创建千亩示范片4个，示范面积4550亩。

2012年，引进试种水稻蔬菜新品种28个。其中水稻品种10个，瓜果2个，蔬菜16个。完成水稻新品种适应性试验3个。全区建设水稻优质高产示范方14个，示范面积6530亩，其中省级高产创建千亩示范片1个、市级2个。

2013年，引进试种水稻和瓜菜新品种18个。完成水稻和瓜菜新品种适应性试验各3个。全区建立早稻高产创建示范方5个，面积2120亩；单季晚稻示范方8个，面积1.48万亩；连作晚稻示范方4个，面积1300亩。其中，创建部级单季晚稻万亩示范片1个，面积1.13万亩；省级早稻千亩示范片1个，面积1020亩；省级单季晚稻千亩示范片2个，面积2150亩。

2014年，引进试种水稻和瓜菜新品种19个。完成水稻和瓜菜新品种适应性试验4个。全区创建早稻高产千亩示范方1个，百亩示范方3个，面积1830亩；单季晚稻万亩示范方1个，百亩示范方4个，面积1.25万亩；连作晚稻示范方2个，面积750亩。

2015年，引进试种水稻和瓜菜新品种21个。完成水稻和瓜菜新品种适应性试验5个。全区共创建水稻高产千亩示范方（片）9个，面积14000亩。其中，创建部级单季晚稻万亩高产示范片1个，面积10160亩；创建省级千亩高产示范片3个，面积3040亩；百亩示范方5个，面积800亩。

4. 临海市

20世纪90年代，临海市种子工作以繁育推广协优46、协优914等杂交水稻为主；2000年以后，随着种子市场化，工作重点转向以水稻、西蓝花等为主的新品种、新技术引进示范推广。

2000～2007年，在江南、永丰、小芝等地开展水稻新品种试验示范，每年引进水稻品种20多个，主要推广新两优6号、协优5968、粤优938、协优914、协优9308、两优培九、甬优6号、中浙优1号等水稻品种。2002年，在上盘镇杜建村建立"临海西蓝花新品种试验中心"，随后移至上盘镇磊石坑村，占地面积10亩，每年引进国内外新品种（系）200多个，成功推广绿带、山水、梅绿、曼陀绿、绿雄90、优秀、喜鹊、阳光、炎秀等优良品种10多个（表4-5）。

2007年，开始推广早稻品种中早22、杭959，小麦品种扬麦158，玉米品种浙凤糯2号、超甜2018，鲜食毛豆品种台湾75、春早丰。2008年后，引进并推广甬优9号、甬优12、甬优538等甬优系列杂交水稻品种（逐渐成为晚稻当家品种），搭配种植扬两优6号、丰两优香一号、广两优香66、Y两优2号等两系品种。

2013年，引进推广早稻品种中早39，以取代金早47。中早39一举成为当家品种。2013年，汛桥镇利丰村甬优12百亩高产示范方经浙江省农技推广中心测产，亩产达905.8公斤，位列全省高产第二名。在桃渚镇盈岙村建立省级花菜新品种展示示范中心，每年引种示范国内外花菜新品种50个左右。同时，在汇溪镇西溪村建立番薯育苗基地，从浙江省农科院共引种浙薯726、浙薯70、浙紫薯3号、4-39等品种近百个。2015年，江南街道贺家村甬优12百亩高产示范方亩产达938.1公斤，其中1.05亩攻关田最高亩产1012.5公斤，打破临海市水稻单产纪录。

表 4-5　临海市良种引进情况统计

年份	共引进品种 /个	水稻品种 /个	其他粮食作物品种 /个	瓜果类品种 /个	蔬菜类品种 /个	其他作物品种 /个
1995	61	25	1	2	32	1
1996	87	25	1	4	55	2
1997	106	26	2	5	71	2
1998	107	22	1	8	76	0
1999	111	20	2	5	83	1
2000	250	25	2	2	220	1
2001	259	24	0	5	230	0
2002	228	25	1	2	200	0
2003	205	22	0	3	180	0
2004	228	23	1	4	200	0
2005	178	23	0	5	150	0
2006	241	26	2	2	210	1
2007	223	23	0	0	200	0
2008	239	25	1	3	210	0
2009	229	27	0	2	200	0
2010	287	22	2	3	260	0
2011	339	25	0	4	310	0
2012	322	20	0	1	300	1
2013	364	20	12	2	330	0
2014	391	9	30	2	350	0
2015	376	16	42	3	315	0

5. 温岭市

90 年代初，温岭市引进了优质西瓜品种——早佳（8424），以大棚（三膜覆盖）栽培快速替代露地栽培。短短几年间，温岭市西瓜产业化迅速形成。早佳（8424）成为国内最早规模化种植、产业化布局的西瓜品种。全市西瓜从 1998 年的 1 万亩左右，发展到 2004 年的 7 万余亩。2000 年，市种子站与农技推广中心完成的"西瓜早佳（8424）的开发利用研究项目"获台州市星火奖二等奖、温岭市科技进步奖一等奖。直到目前，早佳（8424）仍是温岭市西瓜当家品种。

2010—2015 年，温岭市种子站（种子公司）累计从中国水稻研究所、浙江省农科院、宁波市农科院等科研育种单位引进水稻、鲜食大豆、西瓜砧木等农作物新品种 1000 多个，进行试验、展示与示范，从中筛选表现较为突出的品种在全市推广，同时开展主推品种的配套栽培技术的研究与推广应用（表 4-6）。2001～2004 年间完成的"优质高产多抗早籼品种嘉育 948 的选育与推广""超级稻协优 9308 的选育，超高产生理基础研究与生产集成技术推广""双高双低优质油菜新品种浙双 72 的选育与推广"三个项目均获省科技进步奖一等奖。2004 年"杂交水稻 E26 超高产攻关及示范"获温岭市政府丰收计划特别奖（E26 即甬优 6 号），2005 年温岭市成为全国超级稻示范推广县（市）之一，2006 年以甬优 6 号为主推品种，搭配两优培九和协优 9308 的超级稻示范面积达 8.52 万亩，占全市杂交水稻面积的 79.3%，全部水稻面积的 36.7%，2006 年 9 月 27 日，全省超级稻示范推广现场会在温岭市召开。同年由温岭市种子管理站主持实施的"籼粳杂交水稻甬优 6 号超高产栽培集成技术研究与推广"项目荣获 2006 年度浙江省农业丰收奖一等奖。

表 4-6　温岭市良种引进情况统计

年份	共引进品种 /个	水稻品种 /个	其他粮食作物品种 /个	瓜果类品种 /个	蔬菜类品种 /个	其他作物品种 /个
1995	25	25	0	0	0	0
1996	29	21	8	0	0	0
1997	33	22	11	0	0	0
1998	42	32	2	8	0	0
1999	48	43	0	0	0	5
2000	56	48	5	0	3	0
2001	60	37	0	7	16	0
2002	56	15	0	10	20	11
2003	105	84	0	15	0	6
2004	101	77	3	21	0	0
2005	83	62	0	11	10	0
2006	118	107	3	0	0	8

续表

年份	共引进品种/个	水稻品种/个	其他粮食作物品种/个	瓜果类品种/个	蔬菜类品种/个	其他作物品种/个
2007	92	81	3	4	3	1
2008	84	75	3	3	2	1
2009	102	89	7	2	2	2
2010	76	66	3	3	3	1
2011	91	74	5	1	4	7
2012	83	63	3	6	4	7
2013	86	69	2	5	3	7
2014	74	43	8	13	2	8
2015	82	36	20	15	2	9

6. 玉环县

从 1995 年开始，玉环县每年从中国水稻研究所、宁波市农科院等引进水稻、蔬菜等新品种 6～8 个，分别安排在清港镇翻身村、王家村进行品比试验。

2000 年后，陆续引进优质高产的水稻品种籼优 10 号、协优 914、协优 9308，以及以色列番茄新品种加茜亚、汉克等，并在楚门镇、玉城城关农场进行品比试验。

2005 年，引进品种两优培九、中浙优 1 号、甬优 6 号。

2010 年后，持续引进品种甬优 12、春优 84、浙优 18、浙油 50、中茶 108，以及玉米、甘薯、蔬菜等新品种 30 多个并进行品种试验（表 4-7）。通过品种试验，筛选较适宜我县栽培的品种进行示范推广，如从宁波农科院引进的水稻品种甬优 6 号、甬优 12 号。这两个水稻品种优质高产，表现突出，至今仍是我县高产、稳产、优质的最佳主推品种。

表 4-7 玉环县良种引进情况统计

年份	共引进品种/个	水稻品种/个	其他粮食作物品种/个	瓜果类品种/个	蔬菜类品种/个
1995	8	8	0	0	0
1996	7	7	0	0	0

年份	共引进品种 /个	水稻品种 /个	其他粮食作物 品种 /个	瓜果类品种 /个	蔬菜类品种 /个
1997	7	7	0	0	0
1998	6	6	0	0	0
1999	7	7	0	0	0
2000	6	6	0	0	0
2001	7	7	0	0	0
2002	8	8	0	0	0
2003	6	4	2	0	0
2004	11	5	3	1	2
2005	10	3	3	2	2
2006	13	5	4	1	3
2007	14	4	4	2	4
2008	15	3	3	3	6
2009	13	4	4	2	3
2010	15	5	3	2	5
2011	14	4	4	2	4
2012	15	5	5	1	4
2013	13	5	3	2	3
2014	15	4	3	6	2
2015	14	4	4	4	2

注：机构改革后，玉环县不再自己繁种。

7. 天台县

2005 年，天台县共引进水稻新品种 19 个，蔬菜新品种 10 个进行品比试验。其中水稻品比试验分别安排在 3 个乡镇。

2006 年，共引进水稻新品种 14 个，蔬菜新品种 14 个进行品比试验及试种。其中有 9 个水稻新品种参加品比试验，分别安排在平桥和街头两个示范内。在新品种试种方面，引进中早 22、两优 108、P88s-0293、春优 58、秀优 5 号、秀水 09 共 5 个品种进行试种。

2007 年，从省农科种业引进浙油 –18 油菜种子，分别在街头镇和平桥镇各办百亩方一个。

2008 年，共引进粮食及蔬菜作物新品种各 10 个进行试验试种。其中水稻皖稻 153、浙优 12、E 福丰优 11 这几个品种在产量、抗病性等各方面农艺性状均较好，增产潜力大。蔬菜方面鲜食甜玉米超甜 4 号，茄子杭丰 8 号等品种综合性状表现较好。

2009 年，引进各类农作物新品种 60 个，其中水稻新品种 30 个、瓜果蔬菜 10 个、大小麦 12 个、甘薯 3 个、杂交玉米 6 个、油菜 3 个。

2010 年，共引进各类农作物新品种 52 个，其中水稻品种 24 个，饲料玉米、甜（糯）玉米品种 8 个，瓜菜品种 20 个。落实水稻品比试验 15 个，玉米品比试验 11 个。共建立县级水稻展示示范方 6 个。

2011 年，共引进各类农作物新品种 50 个，其中水稻品种 22 个，饲料玉米、甜（糯）玉米品种 5 个，大小麦 10 个，瓜菜品种 13 个。

2012 年，共引进各类农作物新品种 83 个，其中水稻新品种 55 个，大小麦 15 个，玉米 5 个、瓜菜 8 个进行试验、展示、示范。

2013 年，引进粮食作物新品种 72 个，开展 22 个品种试验。

2014 年，共引进各类农作物新品种 66 个，其中水稻新品种 54 个，其他粮食作物品种 12 个。

2015 年，共引进各类农作物新品种 59 个，其中水稻新品种 38 个，其他粮食作物品种 15 个，瓜菜等品种 6 个。

2001—2015 年，天台县良种引进情况统计见表 4-8。

表 4-8　天台县良种引进情况统计

年份	共引进品种 /个	水稻品种 /个	其他粮食作物品种 /个	瓜果类品种 /个	蔬菜类品种 /个	其他作物品种 /个
2001	15	6	3	5	1	0
2002	22	9	5	4	4	0
2003	26	11	7	6	2	0
2004	25	13	6	4	2	0
2005	29	19	0	0	10	0
2006	28	14	0	0	14	0
2007	1	1	0	0	0	1
2008	20	10	0	0	10	0

年份	共引进品种/个	水稻品种/个	其他粮食作物品种/个	瓜果类品种/个	蔬菜类品种/个	其他作物品种/个
2009	60	30	17	5	5	3
2010	52	24	8	4	16	0
2011	50	22	15	3	10	0
2012	83	55	20	3	5	0
2013	72	63	9	0	0	0
2014	66	54	12	0	0	0
2015	59	38	15	2	4	0

8. 仙居县

1995 年，仙居县共引进新品种 33 个（表 4-9）。开展单季杂交晚稻新组合品比试验（2 组，一组地点为陈岭乡塘弄村王新虎户，二组地点为大洪乡栗树园村朱小土户），参试品种为 D 优 10 号、Ⅱ优 62-16、Ⅱ优 63、协优 413、汕优 413，均以汕优 10 号和汕优 63 为对照。开展台州市水稻品种试验，地点为步路乡明声寺村王大梅户，参试品种为Ⅱ优 T211、协优 413、汕优 397、协优 914、协优 210、协优 161，以汕优 10 号和协优 46 为对照。开展连作杂交晚稻新组合品比试验，地点为官路镇后里吴村吴培报户，参试品种为Ⅱ优 92、协优 46、协优 413、汕优 413，以汕优 10 号和汕优 64 为对照。

1999 年，在山区上张乡开展浙江省单季稻区试，共汕优 63、协优 7954、七优 976、冈优 364、协优 M105、秀优 123、Ⅱ优 162 等 7 个组合，以汕优 63 为对照；另外，大区试验品种为汕优 63、Ⅱ优 162、协优 95-16、Ⅱ优 3027、滇瑞 449。在平原上应村开展连作晚稻大区试验，品种包括汕优 207、金优 207、汕优 518、协优 963、滇瑞 449、汕优 10 号（包衣）、汕优 10 号（对照）。

2000 年，在田市镇水各村吴焕林户开展连作晚稻试验，参试品种有Ⅱ优 3027、协优 95-16、汕优 10 号、协优 914、协优 46、汕优 518、Ⅱ优 46，以汕优 10 号为对照。

2001 年，承担浙江省种子公司的普通玉米试验（6 个品种），省种子管理站的甜玉米区试（7个品种）、糯玉米区试（11个品种），示范普玉3号、农大108、泰玉2号、农单5号、丹玉13（对照）等品种。开展单季稻区试（两组）：菲优600、嘉优99、Ⅱ优8220、中浙A/2038、协优5968、协优1392、宜香优1577、汕优63（对照）；D优13（D702A×527）、D优527、协优9308、Ⅱ优3027、两优培九、汕优63（对照）。开展连作晚稻试验，品种包括Ⅱ优914、Ⅱ优3027、协优7954、协优518、协优914、协优46、汕优10号（对照）。对44个品系优质米进行品种试验。在平原开展单季稻品比试验，品种包括中浙2838、中浙570、协优5968、Ⅱ优8062、特优9702、Ⅱ优8220、协优8062、Ⅱ优9702、协优8220，以汕优10号、汕优63为对照。

2002年，承担浙江省种子管理站的糯玉米区试、生产试验。其中，区试的参试品种有水晶糯338、浙糯98-1、东穗糯玉021、浙凤糯3号、浙凤糯4号、W1574、甜糯王、浙糯6601、浙糯6602、甜糯引1号、苏玉糯1号（对照）等；生产试验的参试品种有水晶糯338、苏玉糯1号（对照）。承担浙江省种子管理站的甜玉米区试，参试品种有科甜2000、超甜135、浙凤甜1号、浙凤甜2号、先引1008、超甜46、浙甜2001-1、浙甜2001-2、浙甜2001-3、华珍、甜单8号、超甜313、仙童33、超甜3号（对照）等。承担浙江省种子公司的甜玉米品种试验，参试品种有超甜602、超甜307、超甜2018、超甜3号（对照）、日本甜1号、日本甜2号、金银蜜脆等。承担浙江省种子公司的杂交玉米品种试验，参试品种有浙993、奥瑞金1号、郑240、丹玉13、农大108等。承担浙江省种子公司的常规早稻品种试验，参试品种有甬籼00-69、嘉兴21-28、中20-18、中早22、Z01-133、Z01-117等，以嘉育293、浙733为对照。承担浙江省种子管理站的单季稻区试、生产试验，区试参试品种有协优5968、嘉优99、宜香优1577、菲优600、Ⅱ优218、中优R8006、浙优2129、中浙1号、宜香优4723、内香优3号、汕优63（对照）等品种；生产试验参试品种有宜香优1577、协优5968、Ⅱ优8220、汕优63（对照）等品种。另外，仙居县种子公司开展的单季稻品种试验包括金优117、粤优938、D优527、两优培九、广两优6号、协优9312、协优2600、Ⅱ优7954、协优

810、Ⅱ优810、中优6号、中浙1号、汕优63（对照）等品种。

2005年，开展单季稻新品种比较试验，参试组合10个，分别为Ⅱ优明86、中浙优1号、嘉优99、D优527、E42、两优培九、协优9320、中优218、赣亚2号，以汕优63为对照。

2006年，开展平原单季稻新品种比较试验，参试组合6个，分别为两优0293、国稻6号、P88S/0389、宜香优673、准两优527、两优培九（对照）。两优0293、P88S/0389种子由湖南杂交水稻研究中心提供，国稻6号由中国水稻研究所提供，宜香优673由福建省农科院提供，准两优527、两优培九由浙江省农科院提供。开展山区单季稻新品种比较试验，参试品种有协优7954、协优1392、ZH998、两优培九、P88S/0389、协优4130、中浙优1号、汕优63（对照）。

2007年，开展单季稻新品种比较试验，参试组合14个，分别为由中国水稻研究所提供的春优58、春优658、国稻6号，由国家杂交水稻工程技术研究中心提供的两优747、两优0293、Y两优1号、两优29、两优39，由安徽省农科院水稻所提供的皖稻153，由江苏中江种业有限公司生产（市售）的Ⅱ优084，由临海市种子公司生产提供的丰优54，由浙江勿忘农种业股份有限公司提供的钱优100、中浙优1号，由江苏两优培九种业有限公司生产（市售）的两优培九（对照）。

2008年，经多方考察、调查，从浙江省种子总站、中国水稻研究所、浙江省农科院、山东、安徽、河南等地引进天优604、钱优100、金山优6号、丰两优4号、中新优9381、中新优9388、冈优527、皖稻181等57个水稻新品种，新掖单19、新郑单13、浙糯玉559、浙甜糯6681、美玉糯6号、甜糯2005-1、糯2005-2、浙大特糯2号、苏玉糯11号、美玉7号等29个玉米新品种；豫艺农研19、蓝园5号、川智佳美、加拿大尼可多、以色列7183、美国密刺黄瓜、以色列454番茄、布利塔长茄、红南瓜等79个蔬菜新品种。同时开展新品种试验。落实水稻、油菜、玉米、蔬菜等各类农作物品种区域试验、筛选试验、大区试验22项，筛选出适宜我县种植的新品种，包括高产优质水稻新品种甬优9号、中新优9388、中浙优715、钱优100、天优604，油菜新品种秦优7号、秦优8号、浙油18，玉米新品种新掖单13、浙大特糯2号、迎奥晶甜糯、嵊科甜2008，蔬菜新品种以色列7183、布利塔长茄、川智佳美、蓝园5号、红南瓜、金皮西葫芦等20多个。为加速新品种推广应用，抓好新品种示范，在下各镇湖其园、横溪镇下陈村、安洲街道全塘村分别创办了春优58、甬优9号、国稻6号新品种县级示范方3个，面积1386亩，平均亩产608.5公斤，其中春优58千亩示范方的验收亩产为611.5公斤。

2009年，引进水稻、玉米、蔬菜新品种共79个；组织水稻、油菜、玉米、蔬菜等各类农作物品种区域试验、筛选试验、大区试验13项；落实示范基地31个，展示品种23个，示范面积1.5万亩，其中创办甬优9号示范方6个，平均亩产608公斤，比面上产量增21%。

2012年，共引进粮食、油料、蔬菜等新品种109多个。通过试验比较，筛选出一批产量高、品质优、适应性强的农作物新品种。例如，水稻甬优12具有亩产吨粮的生产能力；油菜浙油50产量高，含油量近50%，品质特优；"临安小香薯"迷你甘薯在扦插后70～90天即可上市，年可种植2～3茬，品味极佳，开发潜力巨大；甜玉米金冠218产量高、品质好；玉米浙单724比对照郑单958增产15.9%，有望成为新的玉米当家品种；紫蒂药一般亩产2000公斤，亩产值可达12000元。与此同时，寻找到3个本地土种马铃薯品种、2个本地萝卜品种。

2014年，完成浙江省玉米区试任务，进行甜玉米、糯玉米和普通玉米的区域试验、生产试验，共44个品种，试验地点在白塔镇厚仁下街村。甜玉米浙甜0901和科甜13、糯玉米浙甜糯615表现了较好的适应性和丰产性。普通玉米试验结果：铁359亩产560.8公斤，比对照郑单958增产22.9%，表现出一定的丰产性。开展水稻高产创建示范项目，创建农业部万亩水稻高产创建示范片1个和浙江省千亩水稻高产创建示范片5个，统一品种，选用甬优12、春优84、浙优18等高产良种。经台州市农业局组织专家组验收，下各镇马垟片百亩高产创建核心示范方平均亩产905.8公斤，高产田最高亩产为940.8公斤，均居全市第一，示范方和高产田产量均破我县水稻高产纪录。

2015年，完成浙江省甜玉米、糯玉米和普通玉米的区域试验和生产试验共46个品种，试验地点在白塔镇厚仁下街村。其中，甜玉米区域试验品种12个、生产试验品种4个，糯玉米区域试验品种10个、生产试验品种8个，普通玉米区域试验品种12个。因天气条件，玉米苗期遇低温干旱，抽雄吐丝期间（6月15日晚）受大风暴雨影响，植株倒伏，生长表现出一定的抗逆性，植株生长迟缓，出苗至收获天数延长5～7天。甜玉米浙甜1202、金珍甜1号和皖甜2号表现出较好的适应性和丰产性，白甜5137抗逆性强、成熟期早、品质好，糯玉米科甜糯2号、京科糯569、彩甜糯K10-1、彩甜糯6号、安农甜糯1号、新甜糯88、梦玉908和红玉2号均表现出较好的适应性和丰产性。开展水稻新品种展示示范点建设，创建集中展示点1个，示范片7个。展示品种有新两优343、深两优884、徽两优898、甬优1512、甬优1510、甬优1540等10个，示范品种有甬优12、浙优18、甬优538、甬优15等4个。展示示范工作与高产创建工作相结合，应用水稻"两壮两高"栽培技术的同时加强技术培训和技术指导工作，及时组织现场观摩学习，相关工作取得明显成效。2015年11月20日，台州市农业局组织专家对下各镇马垟超级稻甬优12核心示范方进行产量验收，平均亩产960.7公斤，最高田块亩产1000.8公斤，示范方和高产田产量突破950公斤和1000公斤大关，均创台州市水稻高产纪录。台州日报2015年11月27日头版以《我市水稻攻关田亩产突破一千公斤大关》为标题进行了相关报道。

2007—2015年，仙居县共引进水稻、油菜、玉米、甘薯等农作物新品种600多个，落实品比试验80项（包括浙江省普通玉米、甜玉米和糯玉米的区域试验、生产试验），筛选出并大面积推广中早39、甬优9号、甬优12、甬优15、浙油18、浙油50、济单7号、登海605、华珍、浙薯13、心香等一批适宜仙居县种植的优质高产作物新品种。积极创建农业部万亩水稻高产创建示范片和浙江省千亩水稻高产创建示范片，统一品种，选用超级稻甬优12、浙优18、甬优538等高产品种，推广水稻强化、精确定量和"两壮两高"等栽培技术，开展品种和栽培技术试验研究。

从 2007 年开始，仙居县成功开展绿色稻米标准化生产基地和油菜观光基地建设，油菜种植面积从 2007 年的 2.75 万亩增至 2010 年的 7.81 万亩，绿色稻米基地扩大至 3 万亩，有机稻米基地扩大至 1500 亩，仙居县农业技术推广中心和仙居县种子管理站共同主持的"仙居县油菜免耕直播技术推广与观光农业开发"项目和"绿色稻米标准化生产技术研究与推广"项目分获 2008 年度、2009 年度浙江省农业丰收奖一等奖。

表 4-9 仙居县良种引进情况统计

年份	共引进品种 / 个	水稻品种 / 个	其他粮食作物品种 / 个	瓜果类品种 / 个	蔬菜类品种 / 个	其他作物品种 / 个
1995	33	13	8	11	0	1
1996	35	9	10	13	0	3
1997	41	12	9	15	0	5
1998	57	21	17	17	0	2
1999	62	24	26	12	0	0
2000	114	49	34	20	8	3
2001	100	58	24	9	9	0
2002	94	34	35	6	19	0
2003	157	62	74	7	11	3
2004	109	41	32	13	17	6
2005	79	10	35	12	22	0
2006	83	11	33	11	28	0
2007	90	14	37	18	19	2
2008	102	57	29	16	0	0
2009	79	23	24	14	17	1
2010	84	20	28	9	25	2
2011	76	16	32	6	22	0
2012	109	17	59	7	26	0
2013	91	22	45	5	19	0
2014	85	20	44	8	13	0
2015	84	13	46	9	16	0

9. 三门县

1995 年以来，三门县新品种引进情况如表 4-10 所示。

1995 年，引进各类农作物新品种 32 个，并进行品比试验，其中常规早晚稻 7 个、杂交水稻 16 个，其他农作物品种 9 个。

1996 年，建立特约良种繁育基地 1880 亩，引进各类农作物新品种 28 个，进行品比试验的常规早晚稻 7 个、杂交水稻 10 个，玉米、油菜各 1 个，蔬菜 9 个。通过试验，选定早稻台 94-10、杂交水稻协优 9516 等品种作为第二年示范品种。

1997 年，引进各类农作物新品种 28 个，其中优质早籼 8 个，杂交早稻 7 个，棉花 7 个，蔬菜类 6 个。通过试种发现杂交水稻品种协优 9516、协优 914 具有推广潜力。

1998 年，引进各类农作物新品种 35 个，其中优质早籼 8 个，杂交早稻 7 个，晚籼杂交稻 2 个，杂交粳稻 2 个，常规粳、糯稻 2 个，棉花 9 个，其他作物 5 个。安排试验 9 项。其中杂交早稻中 9A/71 试验平均亩产 456.7 公斤，比浙 733 增产 17.8%。杂交粳稻新组合闽优 128 表现出高产、抗病、优质特性，试种亩产达 626 公斤。推广早熟棉花泗棉 3 号 2.87 万亩。

1999 年，引进各类农作物新品种 34 个，其中早稻 16 个、杂交晚稻 8 个，小麦 4 个，瓜菜类 6 个。对优质早籼 G96-16、杂交粳稻闽优 128 开展了百亩示范。

2000 年，引进各类农作物新品种 22 个，并进行多点试种和品比试验。其中，早稻 8 个，杂交晚稻 8 个，棉花 6 个。

2001 年，引进各类农作物新品种 38 个，其中水稻 14 个，大、小麦 3 个，瓜菜类 13 个，棉花 8 个。经过试种，新品种中两优培九、协优 7954、湘杂棉 2 号表现出较大的推广潜力。

2002 年，引进各类农作物新品种 42 个，其中水稻 16 个，瓜菜类 18 个，棉花 8 个。

2003 年，引进各类农作物新品种 23 个，其中单季杂交水稻 8 个，瓜菜类

9 个，棉花 6 个。建立试验示范点 7 个，通过试种筛选出表现较好品种，如水稻中浙优 1 号、甬优 4 号等。

2004 年，共引进各类农作物新品种 31 个，其中水稻 15 个、蔬菜类 7 个，棉花 9 个。对中浙优 1 号进行重点示范，促进了中浙优 1 号的推广应用。

2005 年，引进各类农作物新品种 35 个，其中水稻 18 个、蔬菜类 7 个，棉花 10 个。

2006 年，引进各类农作物新品种 53 个，其中蔬菜 15 个，水稻 15 个，棉花 15 个，其他作物 8 个。建立品种试验点 8 个，通过试验筛选出表现较好的品种 5 个，其中水稻 2 个，蔬菜 3 个。

2007 年，共引进各类农作物新品种 44 个，其中水稻 15 个，棉花 11 个，甘薯 6 个，瓜菜类 10 个，豆类 2 个。完成各类新品种试验 8 个，建立示范基地 5 个，示范面积 670 亩。

2008 年，引进各类农作物新品种 43 个，完成各类新品种试验 6 个，建设示范基地 6 个，示范面积 1310 亩。

2009 年，引进各类农作物新品种共 45 个，其中棉花 10 个、水稻 17 个、瓜菜类 12 个、甘薯 6 个；落实示范基地 5 个，示范面积 1310 亩。

2010 年，引进各类农作物新品种 35 个，完成各类新品种试验 8 个，建设示范基地 8 个，示范面积 950 亩。

2011 年，引进各类农作物新品种 36 个，完成各类新品种试验 6 个，建设示范基地 77 个，示范面积 1180 亩。

2012 年，共引进各类农作物新品种 42 个，其中水稻 15 个，大、小麦 2 个，棉花 1 个，鲜食玉米 2 个，甘薯 3 个，马铃薯 1 个、瓜菜类 18 个。全年安排落实试验 13 个。共落实示范基地 11 个，示范面积 1360 亩。浙江省主导水稻品种推广面积累计达 7.2 万亩，其中甬优 9 号种植面积达 4.12 万亩。

2013 年，共引进各类农作物新品种 46 个，其中水稻 17 个，大、小麦 2 个，棉花 2 个，鲜食玉米 2 个，甘薯 5 个，马铃薯 1 个、瓜菜类 17 个。全年安排落实试验 15 个；落实示范基地 12 个，示范品种 19 个，示范面积 1480 亩，重点开展了单季杂交水稻新品种春优 84、浙优 18 的示范工作。

2014 年，引进试种各类农作物新品种新品种 45 个，开展新品种适应性试验 12 个。落实示范基地 12 个，示范面积 1560 亩。

2015 年，引进试种各类农作物新品种 49 个，开展新品种适应性试验 12 个。落实示范基地 12 个，示范面积 785 亩。

表 4-10 三门良种引进情况统计

年份	共引进品种/个	水稻品种/个	其他粮食作物品种/个	瓜果类品种/个	蔬菜类品种/个	其他作物品种/个
1995	32	23	6	0	0	3
1996	28	17	1	0	9	1
1997	28	15	0	0	6	7
1998	35	21	2	0	0	14
1999	34	24	4	2	4	0
2000	22	16	0	0	0	6
2001	38	14	3	3	10	8
2002	42	16	0	5	13	8
2003	23	8	0	3	6	6
2004	31	15	0	0	7	9
2005	35	18	0	0	7	10
2006	53	15	0	0	15	23
2007	44	15	8	2	8	11
2008	43	18	2	4	10	9
2009	45	17	6	2	10	10
2010	35	14	6	3	9	3
2011	36	15	2	6	7	6
2012	42	15	8	16	2	1
2013	46	17	10	12	5	2
2014	45	20	3	18	0	4
2015	49	14	4	19	6	6

种子繁育

一、种子繁育概况

1. 常规稻、麦种子繁育

20 世纪 50 年代中期，台州普遍实行种子田选种留种制度，以合作社为单位建立种子田。种子田面积根据各种作物种子繁殖系数的大小和种子用量确定，一般水稻为 5% ~ 6%（即 100 亩大田需要建立种子田 5 ~ 6 亩），麦类 10%、玉米 5%、棉花 15%、油菜 1% ~ 2%。由生产队有经验的社员担任种子员。每年先由种子员在作物收获前穗选或株选种子，选出的种子作为种子田用种。种子田进行单本或少本插，栽培管理做到精耕细作；收割前再穗（株）选种子，留作下年（季）种子田用种；余下种子经田间严格去杂后，作为大田用种供应给社员。

20 世纪 60 年代，良种繁育基地有两种类型：第一类是国家原种繁育场，第二类是公社示范繁育队和生产队种子田。这两类形成场、队、田三级良种繁育体系，即以县良种繁育场为骨干，公社繁育队为桥梁，生产队种子田为基础的体系。县良种繁育场是国家生产原种、繁育新品种的基地，采用"三圃法"（选种圃、株行圃、原种圃）繁育原种。县良种繁育场生产的原种或繁育的新品种种子供公社繁育队特约繁殖区繁育。繁育出的种子提供给生产队作为种子田用种，通过种子田繁殖，供应全队大田种子。1963 年，台州推广"一组三田块（大队建立科学实验组，设立高产试验田、品比试验田、种子繁殖田），三年到大田"经验，使良种试验、良种良法、良种繁殖统一。

20 世纪 70 年代中后期，台州逐步推广由生产大队建立"三统一"（统一繁育、统一保管、统一供应）的选留种子制度，推行专业化生产种子，直接供应社员的选种留种供种体系。每年更新更换的稻麦等主要作物良种种植面积达 100 万亩，基本实现水稻等作物种子三年一更新，麦类作物种子五年一更新。

20 世纪 80 年代初，台州实行以家庭联产承包为主的生产责任制，原有的场、队、田三级和大队"三统一"繁育体系基本解体，供种转向千家万户。各县（市）的良种繁育体系大致有四种形式：①公社试办种子服务公司，组织生产种子，再供应给农户；②由公社农科站牵头，将县种子公司分配的原种或良种交给种子专业户（农科户）繁殖，繁殖的种子再供应给农户；③将大队种子场（队）、农科队的繁殖田（种子田）转包给队内的农科员以繁殖种子，繁殖种子采取定产量、定国家任务、定上交积累，超奖减赔的办法；④加强种子公司的特约基地建设，逐步扩大供种量。80 年代中期，为适应家庭联产承包责任制的发展，常规稻、麦的良种繁育体系实行以县（市）为单位的统一计划、三级繁育、二级供种体系，即县（市）统一计划确定提纯品种，由县（市）原（良）种场生产原种和繁殖新品种，县（市）特约繁殖基地生产一级良种，乡、村种子基地（队、户）生产二级良种，大田用种逐步由县（市）种子公司，乡、村农业公司（组）或种子专业户供种。

2. 杂交水稻良种繁育

推广杂交水稻初期，台州杂交水稻的"三系"（不育系、保持系、恢复系）繁育实行地、县场（所）提纯繁种，县、社、队分散制种的体系。1978年改为地（市）提纯，地、县繁种，县、社制种。1980 年，台州地区农业局在温岭东片农场集中繁育不育系，但遇春季低温，导致春繁失败，因此又进行秋繁；当年杂交制种多制种子 35 万多公斤。1981 年，不育系繁育产量大增，多出不育系种子 2.5 万多公斤；而杂交制种面积减少，又遇灾害，造成缺种 25万多公斤。1982 年 3 月，台州地区行署转发农业局《关于杂交种子生产问题和今后意见的报告》。8 月浙江省政府批转省农业厅《关于加强杂交水稻繁种、制种生产的意见》，提出三系提纯由地区确定的良种场负责，各县建立连片的制种基地，由县统一制种、统一供种。

1983 年开始，杂交水稻种子繁育体系改为省统一组织提纯，市（地）繁种，县（市）集中连片制种供种体系。由浙江省种子公司统一组织三系提纯和原种生产。提纯采用"两步法"：第一步提纯原种亲本（单株），提供给有关市、地种子公司指定的原、良种场通过繁殖；第二步将生产的种子（原种）再分配给所属县、市种子公司，由县、市种子公司集中连片制种，统一供种。这套完整繁育体系的实行，保证了杂交水稻制种的产量和质量。1987 年，全台州地区制种 1.18 万亩，总产 168 万公斤，创历史纪录。2000 年后，因制种成本上升，辖区各县均转向省特约制种县购买种子方式。

3. 棉花良种繁育

1964 年，台州地区农业委员会将黄岩金清农场（今椒江农场）列为棉花良种繁育场，从慈溪棉花原种场引进岱字 15 号棉原种亲本单株，采用三圃提纯选育良种。繁育的原种一、二代种子，统一验收、收购，使用良种棉轧花机加工，籽棉由县种子公司组织统一供种。1974—1976 年，共生产岱字 15 号良种 750 吨，供应台州各地。1976 年，自萧山引进协作 2 号原种，建立三圃制，加速繁育。1979—1986 年，生产供应一、二代原种 246.72 吨。

4. 油菜、绿肥良种繁育

20 世纪 90 年代前，油菜、绿肥良种由各社队自留、自繁。后由浙江省种子公司在鄞县、奉化、宁波等地特约生产，再统一收购，计划供应。

5. 杂交玉米良种繁育

与杂交水稻相同，杂交玉米实行"省提，市（地）繁，县（市）制种"。由浙江省种子公司统一组织亲本提纯和原种生产，供市、地种子公司繁种，或直接供应县（市）繁种，或集中制种、统一供种。1991 年，台州各县市杂交玉米繁育体系均由浙江省统一组织，在辽宁等地建立相对稳定的制种基地。

6. 甘薯、大豆良种繁育

1991 年，在甘薯种植面积较大，留种有经验的温岭建立省种子公司特约基地，生产原种、繁殖藤苗，供应有关市、县，每3～4年更新或更换一次品种。在大豆种植面积较集中的天台建立省种子公司特约基地，生产原种或繁殖良种，有计划地每5～6年更新或更换大田用种。其他地区委托邻近建有体系的县市代繁或提供原种，建立繁殖区繁殖种子（藤苗）的制度。

二、良种繁育基地

良种繁育基地包括国家种子生产基地、企业种子生产基地以及群众自留和集体种子生产基地。

1. 国家种子生产基地

原种场的建设是良种繁育的重要基础。1963年后，台州建立的地区原种场为水稻原种场，金清农场为棉花原种场。原种场的主要任务：①提纯复壮现有品种，生产原种；②繁殖新品种良种；③进行品种试验，鉴定良种的适应性，总结良种良法经验。

各级原（良）种场生产、繁殖的原（良）种，满足了各级种子生产基地和社、队种子田繁殖种子的需要，为以县为单位实现稻、棉三年，麦类五年种子更新更换一次创造了条件。生产的原种比同品种种子增产5%左右。棉花原种皮棉增产20%，衣分增2%～4%。

2. 企业种子生产基地

21世纪以后，随着种子市场的放开，企业参与经营，种子企业开始自己生产种子。2008年，台州的各种作物种子生产基地面积约2000亩，其中杂交水稻、杂交玉米制种基地以域外为主，辖区内基地面积不到100亩，其余为常规作物种子基地。种子繁育的基础以引入原种为主，生产的种子等级多为良种，原种级种子相对较少。2008年，全市种子年收购量100万公斤左右，净种子调入量在200万公斤以上，种子供应量在300～350万公斤，占种子总需求量的25%～30%（如按生产面积计算，种子公司种子供应比例相对高些，约占33%）。

3. 群众自留和集体种子生产基地

随着农村经济体制改革不断深化，良种繁育基地的形式不断发展，从一家一户自选自用发展到以"种子田"为中心的选留种，再以社、队"三统一"为内容的选留种，直至建立乡、村（户）繁殖种子基地。

家家选种，户户留种是 20 世纪 50 年代初农民选留种的主要方法。群众性选种留种和换种的广泛开展，加快了良种的普及，提高了大田种子质量，促进了产量的提高。

种子田是集体生产的种子基地。1958 年，台州有 55.7% 的农业生产合作社建立早稻种子田。

20 世纪 60 年代初，各地仍普遍采用穗选、片选的留种方式。70 年代末，推行"四化一供"，加大统一供种的力度，全台州地区逐步开展以社、队为单位，统一繁殖种子工作。这种社、队统一繁殖种子的形式持续到 80 年代前期社队解体为止。

对常规作物品种，自 1987 年起台州推行以县（市）为单位，统一计划、三级繁育、二级供种体系。乡、村（户）建立的种子基地成为群众选种、留种、换种的重要基地。

供种体系和种子经营

一、供种体系

1949 年以来，台州供种体系主要经历如下。

20 世纪 50 年代，大田用种由良种繁育场圃供应。生产队将新品种与优质良种作为种源，建立种子田进行繁殖，繁殖后的种子就地使用。

20 世纪 60 ～ 70 年代，公社、大队兴办种子场，生产队所需种子由集体经济组织统一供应。70 年代，实施种子"四化一供"，集体统一供种增多。1979 年，全地区粮食、棉花种子基本实现统一供种。

20 世纪 80 年代，为适应农村家庭联产承包责任制，各地纷纷创办公社种子服务站（公司），原公社、生产大队办的种子场（队）由社员承包，或建立种子生产专业户。生产的种子委托区农技站、公社种子服务站代销。1983 年，台州地区各公社基本都建有种子服务站。为方便群众买种，各地采取多渠道、多售点供应：①种子公司与公社农科站联合供种，社社有供应点；②就地生产就地供应，基地生产的种子由基地农科站直接经销；③种子公司与农科站配合，按农时定期送种上门。用种量少的种子，改袋装为小包装，方便供应。1987 年后，各级种子公司加快两级供种体系建设，大田用种逐步由县种子公司和乡村种子专业队、专业户两级供应。

二、种子经营变革

1949 年以来，台州种子经营变革大体可分四个时期。

1. 1950—1953 年，双轨制

除生产队自选、自留、自繁的种子外，种子生产经营方式采取双轨制：

县农业部门试办种子公司，在力所能及的区乡负责良种购销经营，特别是新引入经试验成功，用于示范、推广的良种，将其提供给生产队作为种源，建立种子田进行繁殖。在边远地区由粮食部门"三代"（代购、代贮、代销），农业部门按照计划经济要求制订计划，由粮食部门进行购销和调运，农业部门付"三代"费，亏损由省农业厅负责。对贫困社队，政府以农贷形式推广良种，由种子管理部门或粮食部门贷放。

2. 1954—1957 年，粮食、商业（供销）、农业三部门分工办理

后备种子均由粮食部门负责购销；绿肥种子由商业局生产资料公司购销；蔬菜种子由县副食品公司购销；棉花种子由县土产公司购销。经营指导思想：把种子作为特殊的生产资料，经营良种坚持为农业服务，以不赔钱或少赔钱为原则。经营以县为单位，盈亏采取实报实销政策。良种经营服从统购统销，收购良种以抵交公粮，良种在统购价的基础上加成收购。供应良种采取"以粮换种，分别作价，等量交换，差额付款"办法。

3. 1958—1986 年，农业部门种子公司（站）统一经营

1960 年，浙江省农业厅、粮食厅制定《浙江省良种经营管理暂行办法》，省农业厅、财政厅颁发《浙江省良种公司财务管理办法和会计制度修正草案》，省农业厅下达《关于经营良种流通费用开支范围和定额暂行规定》等有关文件，进一步明确良种的购销、调拨与国家粮食、油料、棉花统购统销挂钩。良种价格以粮食统购牌价为基础，按质议价，优质优价，分级加成（粮食的基价加良种分级加成为种子供应价），等量交换，差额付款。县与县、省与省间良种调拨，互抵调出调入双方粮油指标。1961 年起，实行化肥补贴政策。在良种财务管理上采取分级管理，分级核算，统一盈亏，报省审批等办法。

1973 年，浙江省农林局、商业局发布《浙江省良种经营若干问题试行规定》，经营良种继续贯彻不赔钱、少赔钱原则，采取企业核算办法，分级核算、各计盈亏，经费包干到县。中央和省对县种子经营机构采取扶持政策，如拨发流动资金，免征工商税，实行财政拨款，将补贴化肥列入国家计划。

种子公司为减少亏损，加强了计划，采取"预约繁殖、预约收购、预约供应"等办法。

70年代后期，种子工作方针转为"四化一供"，加大了集体统一供种力度。农业部在黄岩建立粮、棉种子"四化一供"试点县，使黄岩的统一供种率明显提高。

推广杂交水稻后，台州地区开始自行制种。1977年，全地区秋季杂交水稻制种面积9000亩，繁种1300亩；1978年，秋季制种35000亩，春秋繁种2000亩。到1984年，杂交水稻、杂交玉米和油菜种子实现全区统一供种，常规稻、麦供种量从10%提高到20%；棉花种子各县统一供种率在50%～60%。

1982年8月，浙江省种子公司财务工作会议提出实行两个包干（财务包干、经营盈亏包干），力争扭亏为盈等要求。各级种子公司实行企业管理，加强经济核算，两个包干的实施进一步促使亏损率下降。1983年2月，浙江省农业厅、粮食厅发出《关于部分良种试行议购议销联合通知》，要求在计划渠道为主的前提下，一部分良种议购议销。

1984年，种子公司由行政管理型向经营服务型转变，工作重点转入经营，良种经营实行微利服务。1986年，种子经营实施种、粮脱钩，分开经营。粮、油、肥、菜种子均由县种子公司负责购销，蔬菜及小宗作物种子价格放开，经济上自负盈亏，但后备种仍由粮食部门负责。1986年，台州地区种子公司收购调入种子289万公斤，推广良种534.5万公斤，实现纯利润75.78万元，改变了多年种子经营亏损的状况。

4. 1987—2015年，多渠道经营到市场化供应

1987年，种子经营由种子公司独家经营改为许可制度，实行多渠道放开经营。各级种子公司加快两级供种体系建设，大田用种逐步由县种子公司和乡村种子专业队（组）、专业户两级供种。1987年8月，农牧渔业部和国家工商行政管理局联合发布了《关于加强农作物种子生产经营管理的暂行规定》，规定商品种子的生产和经营实行种子生产许可证、种子经营许可证、种子质

量合格证和营业执照的"三证一照"管理。1988年，浙江省种子工作会议进一步提出：种子公司要转变职能，由过去行政技术型转为经营服务型，树立"围绕服务搞经营，搞好经营促服务"的指导思想。同年，浙江省农业厅、财政厅颁发《关于各级种子公司推行经营责任制的若干规定（试行）的通知》，强调在提高社会效益的同时，不断提高经营效益，增强种子公司的内部活力。当年种子公司收购、调入种子637万公斤，推广良种398万公斤。

1989年3月，国务院颁布了《中华人民共和国种子管理条例》，以国家法律形式规定"农作物常规种子实行多渠道经营"。80年代后期，蔬菜生产、种子经销由商业局改为农业局管理，辖区各级种子公司开始经销蔬菜种子。

1991年6月，农业部发布《中华人民共和国种子管理条例农作物种子实施细则》。对必须遵循的法规、制度及管理办法，做出了更具体、更严格的补充规定。农业系统的科研单位、推广部门、农业院校，粮食、商业部门，集体和个人纷纷进入种子流通领域，经营种子的公司由单一所有制发展到多种所有制，形成了"百家争营"的新格局。随市场经济和"一优两高"农业的发展，种子经营实行微利服务，按质论价。到1992年，除杂交水稻、杂交玉米种子由种子公司统一经营外，其他各类种子实行多渠道经营，种子价格全部放开，经营的种子由粮油扩大到蔬菜、瓜果，收购的种子取消化肥和价格补贴，实行按质论价。1993年，种子公司实行目标责任制，将内部机构划分成以经营任务为主和以推广事业为主的两大块。为保证生产用种，种子公司实行种子繁育供应与调运经销并举，逐步提高统一供种率。

2000年12月1日，《中华人民共和国种子法》正式施行，农作物种子全部实行市场化供应。对种子公司"三位一体"政企不分的体制，以及产权制度、人事制度、分配制度进行重大改革。新的私营种子公司开始出现，农作物种子供种率出现了波动（表6-1）。

2006年5月，国务院办公厅发布《关于推进种子管理体制改革加强市场监管的意见》，嗣后省政府办公厅颁发《关于加快推进种子管理体制改革进一步加强市场监管的通知》文件，要求各级种子部门必须在2007年6月底前实现政企分开，政事分开，人、财、物彻底分开。

2007 年 8 月 15 日，台州完成全市种子管理体制改革，种子管理机构（种子管理站）不再参与种子的生产经营活动，与种子公司正式宣告脱离，种子的生产经营活动全部推向市场。

表 6-1　统一供种面积

（单位：亩）

年份	统一供种面积（商品种子）			
	合计	谷物	棉花	油菜
2000	1601768	1574953	13715	13100
2001	1138975	1125880	0	13095
2002	911590	886625	5965	19000
2003	1004526	1004526	0	0
2004	1097465	1063320	4445	29700
2005	1056441	1024596	3415	28430
2006	1089310	1044800	5025	39485
2007	1048495	993420	5860	49215
2008	1114113	988678	5715	119720
2009	1360493	1214270	7480	138743
2010	1452388	1299779	7167	145442
2011	1420220	1277371	7163	135686
2012	1370731	1237628	8395	124708
2013	1407370	1257820	17760	131790
2014	1299498	1145669	16300	137529
2015	1201052	1066579	7125	127348

三、各县市区种子生产、经营概况

1. 椒江区

"十五"期间，椒江区累计生产常规早稻种子 19 万公斤，常规粳糯种子 2 万公斤；调运供应杂交水稻种子 12.75 万公斤，常规水稻种子 9.5 万公斤，鲜食大豆种子 4.8 万公斤，蔬菜瓜果种子 0.6 万公斤，所有由指定的持证种子经营单位经营的种子质量全部达标，市场供应平稳，基本上满足了全区生产用种的需要，尤其是杂交水稻种子。

"十一五"期间，累计生产常规早稻种子23万公斤，常规粳糯种子1.5万公斤；调运供应杂交水稻种子9.75万公斤，常规水稻种子8.5万公斤，大、小麦种子1.4万公斤，鲜食大豆种子3.5万公斤，蔬菜瓜果种子0.5万公斤，油菜种子400公斤，绿肥种子750公斤，基本上满足了全区生产用种的需要。2007年，椒江区农林局扶持了一家具有常规种子资质的种子供应经销商（台州绿色农资有限公司），注册资金100万元。该公司与其他农资经营户联合在全区设立了20多个经营点，此后椒江区农作物种子全部由台州绿色农资有限公司供应。2009年，区农林局和区工商分局联合下发《关于开展种子市场专项检查和备案登记工作的通知》文件，举办了全区农作物种子经营业主法律法规知识培训班。登记备案的经营户共有18家。

2011年，调入的杂交水稻品种有11个，7.5万公斤；在本区销售的品种有8个，近2.5万公斤。调入的常规水稻品种5个，4.5万公斤，销售2.5万公斤。调入大豆品种3个，销售0.4万公斤。

2012年，调入本区的杂交水稻品种有13个，8.5万公斤；在本区销售的品种有8个，近3.0万公斤。调入的常规水稻品种4个，3.2万公斤，销售2.5万公斤。调入大豆品种3个，销售0.4万公斤。

2013年，调入本区的杂交水稻品种有11个，9.05万公斤；在本区销售3.01万公斤。调入的常规水稻品种有3个，5.05万公斤，销售4.95万公斤。调入鲜食春大豆种子2个，销售0.5万公斤。

2014年，调入本区的粮食作物品种有9个，13万公斤。其中，在本地销售的杂交水稻品种有5个，2.95万公斤；常规水稻品种2个，3.2万公斤；鲜食大豆品种1个，0.35万公斤；鲜食玉米种子0.3万公斤。

2015年，调入本区的各类农作物品种有15个，14.5万公斤。其中在本地销售的杂交水稻品种有5个，3.05万公斤；常规水稻品种1个，4.6万公斤；鲜食春大豆品种2个，0.4万公斤；鲜食玉米品种2个，0.2万公斤；其他作物品种3个，0.35万公斤。

2. 黄岩区

种子生产 1989—1996年，黄岩区早稻种子的年生产量在10万公斤以上，其中1990年生产早稻种子45.01万公斤（表6-2），从1989—2004年累计生产早稻种子210.62万公斤，年均生产15万公斤。早稻种子基地主要有江口王门峃、新前中恩、西峃、院桥牛极、蓬街新市、路桥马铺等地。2001年以后，早稻种植面积大幅下降，2002—2003年，早稻种子停止生产。常规粳、糯稻种子的生产数量比较少，在新品种更换的时候生产量增加。从1989—2004年，常规粳稻种子生产11年，共生产16.58万公斤；糯稻种子生产7年，计5.32万公斤。1989—1993年是冬种面积比较大的时期，大、小麦种子生产量比较多。1990年，生产大、小麦种子87万公斤；1991年，生产大、小麦种子36万公斤。1994年后冬种面积下降，大、小麦种子生产量减少到1万公斤左右，2001年大、小麦种子的生产停止。

表6-2 1989—2004年黄岩粮食作物种子生产表

（单位：公斤）

年份	早稻	晚粳稻	晚糯稻	大、小麦	年份	早稻	晚粳稻	晚糯稻	大、小麦
1989	201325	3977	5964	246284	1996	91643	1002	0	8984
1990	450116	2467	0	874452	1997	74390	11904	2523	18151
1991	391402	37891	3277	360777	1998	73330	4570	0	9825
1992	151267	0	0	35680	1999	54215	0	0	9169
1993	250000	40000	15000	50000	2000	37567	0	0	4129
1994	207465	11727	20836	27812	2001	17989	427	562	0
1995	100662	51049	4991	9264	2004	4780	797	0	0
					合计	2106151	165811	53153	1654527

注：1989—1994年含路桥数据。

杂交水稻制种 杂交水稻制种开始于1976年，当年制种916.30亩，亩产只有25.80公斤。1977年，制种2351.58亩，生产种子116168.05公斤。1978年，汕优6号制种6930.61亩，生产种子296907.33公斤。1981年，受天气影响制种减产，平均亩产只有30.50公斤；当年冬季组织人员赴海南制种，解决1982年生产用种。1983年，制种取得丰收，生产种子759398.05公斤，除供应生产和调往外地后，一年制种可供二年使用。1984年，制种面积减少到680亩，开展了"汕优6号陈种子利用研究"并获得成功。1976—1996年，黄岩杂交水稻制种59725.06亩，生产种子4312096.20公斤，按每亩0.75公斤用种计算可种植575万亩（表6-3）。

表6-3 黄岩1976—1996年杂交水稻制种统计表

杂交制种统计			杂交制种统计			
年份	面积/亩	单产/（公斤/亩）	总产/公斤	年份	面积/亩	单产/（公斤/亩）	总产/公斤
1976	916.30	25.80	23640.54	1987	1830.50	130.38	238660.59
1977	2351.58	49.40	116168.05	1988	1764.90	109.42	193115.36
1978	6930.61	42.84	296907.33	1989	1913.23	61.20	117089.68
1979	7069.50	58.52	413707.14	1990	3645.40	59.88	218286.55
1980	7891.12	66.93	528152.66	1991	1824.80	77.90	142151.92
1981	4900.45	30.50	149463.73	1992	523.30	100.80	52748.64
1982	5861.80	86.20	505287.16	1993	608.00	96.97	58957.76
1983	6478.40	117.22	759398.05	1994	40.00	97.15	3886.00
1984	680.00	47.57	32347.60	1995	35.00	79.34	2776.90
1985	2350.67	101.85	239415.74	1996	60.00	69.05	4143.00
1986	2049.50	105.29	215791.86	总计	59725.06	72.20	4312096.20

注：1989—1994年含路桥数据。

1984年以前，黄岩区杂交水稻实行秋季制种，面积分布于各乡镇，技术和面积由原各区农技站、乡农科站负责落实，杂交种子由县种子公司收购销售；1984年以后，杂交水稻实行夏季制种，主要集中于沿海地区的黄琅柑橘场、蓬街的九塘制种基地，部分面积用于研究春季制种。1988年，开始汕优63、汕优64、汕优10号、协优46等品种制种。1991年，减少汕优6号制种面积，逐步以汕优10号、协优46取代。随着黄岩农村经济的发展，劳动力价格的提高，制种成本不断上升，1996年杂交水稻制种已基本停止，杂交水稻种子需从区外调入。

在杂交水稻制种方面，也培养了一批种子辅导员，有力地促进了杂交水稻推广、制种工作。在杂交水稻推广前期，制种辅导员徐老国同志于1979年

1 月至 1982 年 12 月被派往青田县种子公司，其他多人被派往湖北监利、天门等地任杂交水稻制种辅导员工作。

种子经营　1989—2007 年，黄岩种子公司（种子技术推广站）经营的早稻种子有 227.36 万公斤，晚粳稻种子 41.62 万公斤，晚糯稻种子 29.24 万公斤，大、小麦种子 144.72 万公斤，杂交水稻种子 171.14 万公斤，累计经营量 646.41 万公斤（表 6-4），经营额 2756.69 万元，创毛利 576.55 万元（表 6-5）；1989—1996 年，早稻种子年经营量均在 10 万公斤以上，其中 1991 年早稻浙辐 9 号、辐籼 6 号更换二九丰品种，经营量达到 45.43 万公斤，供应生产用种 31.17 万公斤；晚粳稻种子年经营量 2.5 ～ 5 万公斤；晚糯稻种子 1991 后大多不到 1 万公斤；大麦种子经营量最大的 1990 年、1991 年分别为 87.45 万公斤、36.08 万公斤，供应生产用种分别为 27.07 万公斤、17.18 万公斤。这个时期是农业部门投资的黄岩市麦芽厂生产阶段。在大力发展冬季大麦生产的同时，黄岩市农业局建立大麦种子基地。种子公司收购了 50 多万公斤的大麦种子，除供应生产用种外，也用作黄岩市麦芽厂的生产原料。1999 年，大麦种子供应量减少到 2676 公斤，2000 年只供应了 611 公斤，一年三熟制的冬季大、小麦作物已基本退出平原稻区。2010 年以来，小麦在西部宁溪镇有小面积的种植。杂交水稻种子是种子公司经营工作的重点。1989—1991 年，生产的杂交水稻种子除供应本地用种外，有部分种子外调。1992—1993 年自产的杂交水稻种子占供应量的 40% 左右，60% 的种子需要从外县市调入。1994 年后，黄岩区已很少生产杂交水稻种子，生产用种需从外县市调入。在种子的生产经营中，每一次新品种的更新、更换都提高了作物的产量，改善了农产品的品质，特别是甬优 6、甬优 12 超级稻的推广，刷新了黄岩杂交水稻单季产量的新纪录。1995—2007 年，黄岩区种子经营情况见表 6-6。

种子管理体制改革后，2008—2014 年，黄岩区杂交水稻种子年销售数 2.0 万公斤左右，经营单位以浙江勿忘农种业股份有限公司台州黄岩营业部为主。杂交水稻种子甬优系列品种占 65%，中浙优系列品种占 30%，其他占 5% 左右。早稻年销售 1.0 万公斤，粳、糯稻种子 0.5 万公斤左右，从区外调入。

茅畲乡是重要的西瓜、甜瓜种子的销售市场，年经营额 2000 多万元，销售种子 1.2 万公斤左右。

表 6-4　1989—2014 年黄岩粮食作物种子经营量

（单位：公斤）

作物	早稻	晚粳稻	晚糯稻	大、小麦	杂交水稻
经营量	2273563.5	416175.3	292435.75	1447171	1711420
繁种数量	2106151	165811	53153	1654527	642749.68
供应生产	1731670	316082	214522	616560	1586830
年均供种	66602.69	12157	8250.846	51380	61031.92

表 6-5　黄岩种子公司（种子技术推广站）历年经营情况表

年份	经营量/公斤	经营额/万元	经营利润/万元	年份	经营量/公斤	经营额/万元	经营利润/万元
1989	529334	110.13	17.44	1999	162301	160.58	42.16
1990	1514708	153.69	27.23	2000	124153	139.65	49.64
1991	1203500	164.99	10.18	2001	99710	96.69	35.74
1992	587754	173.88	28.58	2002	72484	100.82	29.84
1993	567500	148.91	11.94	2003	47060	91.99	29.05
1994	390006	153.69	34.61	2004	45422	113.17	28.54
1995	379460	302.18	43.12	2005	45422	138.13	28.54
1996	248886	181.43	35.00	2006	45622	115.31	28.65
1997	189248	155.83	40.98	2007	40905	114.63	16.45
1998	170644	140.99	38.86	合计	6464119	2756.69	576.55

表 6-6　黄岩区种子经营情况统计

（单位：万公斤）

年份	种子生产	种子调入	种子收购	供应销售				
				大、小麦种子	常规稻种子	杂交水稻种子	其他种子	总计
1995	34.28	11.23	25.72	3.22	21.50	11.70	0.53	36.95
1996	24.32	6.65	18.23	1.30	16.34	5.96	1.28	24.88
1997	17.00	6.15	12.75	1.91	10.84	5.52	0.64	18.90
1998	14.40	6.29	10.78	1.06	9.72	5.45	0.84	17.06
1999	8.44	9.89	6.34	0.71	8.80	5.98	0.74	16.23
2000	5.60	8.24	4.18	0.66	6.04	4.95	0.76	12.42

续表

年份	种子生产	种子调入	种子收购	供应销售				
				大、小麦种子	常规稻种子	杂交水稻种子	其他种子	总计
2001	2.56	8.06	1.91	0.00	4.63	4.49	0.85	9.97
2002	0.00	7.25	0.00	0.00	2.53	4.11	0.61	7.25
2003	0.00	4.72	0.00	0.00	0.87	3.08	0.78	4.72
2004	0.80	3.89	0.60	0.00	1.26	2.53	0.70	4.49
2005	1.00	4.03	0.70	0.00	1.46	2.55	0.72	4.73
2006	0.00	4.56	0.00	0.00	1.66	1.98	0.92	4.56
2007	0.00	4.09	0.00	0.00	1.61	2.15	0.33	4.09

注：数据加和不符由四舍五入引起。

3. 路桥区

路桥区建区后，种子经营概况如表6-7所示。

1995年，在九塘落实302亩"协优46"杂交水稻制种，收购杂交种子2.33万公斤；落实早稻良种"浙733"繁育基地820亩，收购种子13.54万公斤；落实晚稻良种繁育基地160亩，收购种子2.5万公斤；落实大麦繁育基地245亩，收购种子2.025万公斤。外地调运杂交水稻种子3万公斤，紫云英种子0.25万公斤，棉花种子1.1万公斤、大麦种子1.35万公斤。

1996年，落实大麦良种繁育基地200亩，收购种子1.65万公斤；落实早稻繁育基地800亩，收购种子10.5万公斤；落实晚稻良种繁育基地200亩，收购种子2万公斤。外地调运杂交水稻种子5万公斤，早稻种子0.4万公斤，大麦种子0.3万公斤，棉花种子1.32万公斤，紫云英种子1万公斤。

1997年，以抓优质高产良种为中心，以基地建设为保证，开展种子统一加工、包装、销售。当年，全区落实早稻繁育基地800亩，收购种子16万公斤，引进优质早稻品种嘉948；落实晚稻良种繁育基地270亩，收购种子1万公斤；落实大麦良种繁育基地200亩，收购种子2.5万公斤；调入杂交水稻种子5万公斤，棉花种子3.5万公斤。对杂交组合开展统一精选加工，实行小包装供应，全年供应良种27.5万公斤。

1998年，建立常规稻麦特约繁育基地1000亩，九塘种子繁育基地170亩。收购大麦种子2万公斤，早稻良种20万公斤，粳、糯稻种子2万公斤。调入杂交晚稻种子5.5万公斤，绿肥紫云英种子0.1万公斤。全区共供应稻麦种子29万公斤，加工包装供应的种子5.5万公斤，杂交水稻包装率100%。包衣杂交水稻种子0.56万公斤。供应棉花种子3.0万公斤。良种统一供种率44%，其中常规稻麦统一供种率25%，杂交水稻统一供种率100%。

1999年，推广早稻嘉育948、浙9248、嘉935等优质早籼品种，以协优46为晚稻当家品种。建立良种繁育示范基地190亩，特约农户良种繁育基地1000亩。区种子公司统一供种16.5万公斤，统一供种率达60%。供应种子18.7万公斤，90%以上的种子经过精选加工。

2000年，统一供种15万公斤，统一供种率46.3%。重点推广香两优68等优质早籼品种，全区种植优质早籼47500亩，占全区早稻种植面积的38.4%。晚稻以种植协优46、协优914为主。示范推广单季杂交水稻"两优培九"。全面推广温联果蔗，扩大种植西瓜早佳（8424），番茄以种植合作903为主，红茄以杭茄1号为主并示范推广引茄1号。

2001年，建立路桥区种子种苗引种中心，重点引进、推广和发展瓜菜、水产、水果、花卉、畜禽、粮食6个主导产业的优新品种。供应种子15.3万公斤。

2002年，全区收购种子8.9万公斤，调入种子5.1万公斤，供应常规稻种子8.9万公斤，供应杂交水稻种子4万公斤。

2003年，在横街建立良种繁育基地2处，开展常规种子繁育。建立早稻繁育田10亩，晚稻繁育田90亩。收购早稻种子0.2万公斤，粳稻种子1万公斤，糯稻种子1.5万公斤。

2004年，供应早稻种子0.9万公斤，杂交晚稻种子2.5万公斤，粳、糯稻种子1.5万公斤，调入水稻种子1万公斤。

2005年，建立春粮大麦花30繁育田100亩，收购良种0.15万公斤。建立早稻金早47繁育田100亩，收购良种1.5万公斤。建立常规粳糯、秀水52、浙糯5号、台糯1号繁育田120亩，收购良种4万公斤。供应大麦种子

0.1万公斤，早稻种子1万公斤，晚粳糯种子3万公斤，杂交水稻品种2万公斤，蚕豆、绿肥等其他品种0.4万公斤。全年储备各类稻麦种子1.3万公斤，满足了面上生产需要。

2006年，在蓬街八塘建立大麦良种繁育田50亩，早稻良种繁育田100亩，晚稻良种繁育田130亩，做好常规种子的繁育。繁育大麦种子0.51万公斤，早稻种子2.36万公斤，粳稻1.8万公斤，糯稻1.78万公斤。种子精选加工率和小包装率均达到100%。全年供应早稻种子1.28万公斤，杂交水稻2万公斤，粳、糯稻1.72万公斤。

2007年，按照省政府办公室《关于加快推进种子管理体制改革进一步加强市场监督管理的通知》精神，区种子公司不再经营农作物种子，注销公司的营业执照，完成了种子管理体制改革。

2008年之后，种子由浙江百龙农业有限公司和台州市盛农种子公司两家取得经营许可证的种子公司供应。

表6-7 路桥区种子经营情况统计

（单位：万公斤）

年份	种子生产	种子调入	种子收购	大、小麦种子	常规稻种子	杂交水稻种子	其他种子	总计
1995	20.4	5.7	20.4	2.1	16.1	5.4	2.5	26.1
1996	14.15	8.02	14.15	1.95	13.87	5.00	1.35	22.17
1997	19.5	8.0	19.5	2.0	17.0	5.0	3.5	27.5
1998	24.0	8.6	24.0	2.0	22.0	5.0	3.6	32.6
1999	11.5	8.5	11.5	1.5	10.0	5.5	3.0	20
2000	9.7	6.8	9.7	0	9.7	5.3	1.5	16.5
2001	9.3	6.0	9.3	0	9.3	4.6	1.4	15.3
2002	8.9	5.1	8.9	0	8.9	4.0	1.1	14.0
2003	8.1	4.8	8.1	0	8.1	4.0	0.8	12.9
2004	7.5	3.1	7.5	0	7.5	2.5	0.6	10.6
2005	5.65	3.65	5.65	0.10	6.80	2.00	0.40	9.30
2006	6.45	2.66	6.45	0.51	6.10	2.00	0.50	9.11
2007	5.4	2.7	5.4	0.3	5.4	1.8	0.6	8.1

4. 临海市

1995—2007 年，临海市种子经营情况如表 6-8 所示。

种子生产 1995—2003 年，临海市以生产杂交水稻种子为主，年生产量 10～20 万公斤，水稻品种以汕优 10 号、协优 46、台杂 2 号为主。2004 年，种子生产量 5.17 万公斤，大、小麦等常规种子多依靠市场外调。之后，不再生产种子，种子供应全部依靠外调。

种子销售 1995—2007 年，种子销售量基本稳定在 20 万公斤以上。因种植结构调整，其中大、小麦和水稻种子销售量逐年下降，瓜果蔬菜等其他作物种子逐渐增加。1999 年种子销售量最高（24.64 万公斤），2007 年为 20.76 万公斤。

表 6-8 临海市种子经营情况统计

（单位：万公斤）

年份	种子生产	种子调入	种子收购	供应销售				
				大、小麦种子	常规稻种子	杂交水稻种子	其他种子	总计
1995	17.40	5.54	17.40	3.50	4.98	8.56	5.90	22.94
1996	18.83	4.59	18.83	3.32	4.98	8.55	6.57	23.42
1997	23.57	0.22	23.57	3.30	4.97	8.52	7.00	23.79
1998	21.40	2.98	21.40	3.21	4.96	8.50	7.71	24.38
1999	19.74	4.90	19.74	3.20	4.96	8.49	7.99	24.64
2000	17.28	6.41	17.28	2.98	4.65	8.40	7.66	23.69
2001	13.35	9.96	13.35	2.92	4.50	8.28	7.61	23.31
2002	13.39	8.60	13.39	2.85	4.12	8.18	6.84	21.99
2003	12.73	7.55	12.73	2.80	3.75	7.03	6.70	20.28
2004	5.17	17.43	5.17	2.62	3.91	7.20	8.87	22.60
2005	0	21.82	0	2.70	2.88	6.91	9.33	21.82
2006	0	21.87	0	2.59	2.86	6.50	9.92	21.87
2007	0	20.76	0	2.50	2.53	6.22	9.51	20.76

5. 温岭市

种子收购 从 1954 年开始，温岭县实行粮食统购销，除折抵征购任务外，对种子的收购实行优质优价加加成作价。1955年，粮食作物种子按质量分甲、乙两级；1956年，粮、油种子分原种、良种和后备种三级，良种又分一、二、三级。加成比例：在标准价的基础上，原种加30%，一级加10%～15%，二级加5%～7%，三级加2%～4%。

1961年，为鼓励农民多卖优质种子，增加化肥奖售，每百斤种子奖售化肥1公斤。1965年规定，一级良种奖售氮肥3%，二级良种奖售氮肥1.5%，农垦58种子奖售氮肥5%。

自1976年推广杂交水稻以来，起初由于制种产量不高，对杂交一代和不育系种子收购，省统一定价为每公斤3元，每公斤种子抵10公斤原粮，每百公斤种子奖售氮肥20公斤。后来随制种产量的提高，温岭县权衡经济效益，1984年将奖售肥粮比改为1∶7，一级良种每公斤2.4元，二级2元。杂交水稻种子也可实行议购议销，随行就市，优质优价。1986年，温岭县决定常规种子也可实行议购议销。

自1954年起，对大豆种子的收购，同粮油作物有关加成执行。大豆种子与粮食的兑换折率：每百公斤大豆种子抵100公斤原粮，1979年调整为每50公斤大豆种子抵100公斤成品粮。小麦种子收购折率：每50公斤抵原粮55公斤，或抵成品粮40公斤。蚕豆种子每50公斤抵成品粮37.5公斤。对甘薯的收购采用统购统销，开始按2公斤鲜薯折抵原粮0.5公斤计，1961年改为2.5公斤鲜薯折0.5公斤。收购农民口粮部分采取"以粮换种"的办法（"以谷换种"或"以米换种"），并补贴农民往返运费。对油菜种子的收购执行优质优价政策。对绿肥种子的收购，执行优质优价、议价购销政策。由于绿肥留种后影响粮食作物产量，为鼓励农民多留种，留好种，1961年开始，国家制定绿肥种子种－粮挂钩政策。1970年，浙江省规定黄花苜蓿种子每百公斤奖励粮票面额100公斤；紫云英种子每百公斤奖励粮票面额200公斤。1971年调整为300公斤。1980年开始，紫云英种子收购每公斤奖售原粮300公斤，标准氮肥100公斤；或奖售氮肥300公斤，不奖售粮食。黄花苜蓿种子收购每百公斤奖售原粮100公斤，或奖售氮肥74公斤，任选一种。种子销售时，需种的农民要拿粮食来调换，价款差额照补。1986年，种粮奖售关系取消，改为议价购销。

种子销售　在实行粮食统购统销期间，温岭县种子销售坚持"以粮换种，分别作价，等量交换，差额付款"的原则。因国家免征零售环节营业税，故种子经营遵循不亏不赚，为民服务的原则。种子销售价：在收购价的基础上加运杂费、保管费等。1957年规定，在基本价的基础上，一级良种加20%，二级加16%，三级加13%，一般种加11%销售。1967年，浙江省统一规定供应价：原种加50%，一级良种加13%，二级良种加6%。1980年，浙江省统一规定，每公斤种子加经营管理费14%计价供应。

1984年，浙江省规定经营管理费：对于杂交水稻和杂交玉米种子，以收购价为基础，省内调拨加5%，批发价加6%，零售及调省外均加7%；对于常规粮、棉、油种子，县间调拨加10%，批发加12%，零售加15%，调省外加12%。收购的种子若经精选处理，精选出的商品粮（非种子）卖给粮食部门以折抵粮食指标，损耗部分由县种子公司报县粮食局，作为精选损耗报销。

20世纪90年代到2006年（种子终止生产）经营期间，常年在温岭东片农场、东浦农场、箬横中库、新河路边、泽国陈家、城北后洋郑等地落实常规水稻、大麦及蔬菜种子繁育面积数百甚至上千亩，收购常规稻、麦、蔬菜种子数十万公斤（表6-9），并在城南桥浦、东浦农场进行杂交晚稻制种，制种主要组合为汕优10号、协优46及台杂2号。由于10月份收种期间易遇多雨气候导致穗头芽等，自20世纪90年代末起不再进行杂交水稻制种，改从永康、江山、遂昌等地调入杂交种子。除自繁自制种子外，还从浙江勿忘农种业股份有限公司、宁波市种子公司，以及辽宁、江苏、黑龙江、新疆、北京等地调入杂交水稻、大豆、蚕豆、马铃薯、西瓜等良种投放市场，满足市场需求。

2007年，根据《国务院办公厅关于推进种子管理体制改革加强市场监管的意见》（国办发〔2006〕40号）、《浙江省人民政府办公厅关于加快推进种子管理体制改革进一步加强市场监管的通知》（浙政办发〔2006〕138号）和浙江省种子工作会议精神，在浙江省种子管理体制改革督查组的指导下，顺利完成温岭市种子管理体制改革，并通过了台州市农业局的验收。2007年6月底，温岭市种子技术推广站和温岭市种子公司的种子生产经营职能被彻底剥离，不再从事种子生产经营活动。由温岭市农业林业局收回了温岭市种子公司的种子经营许可证。根据温岭市编委温编〔2007〕11号文件，将温岭市种子技术推广站更名为市种子管理站，并确定了市种子管理站的具体职责。

温岭市种子技术推广站和种子公司停止种子生产经营活动后，政府扶持成立了一家民营种子企业，将原种子公司的所有种子生产经营业务整体嫁接给新成立的民营种子企业。温岭市种子管理站工作角色从以种子经营与良种引进推广为主转到以种子管理为主。

2008年，温岭市有两家注册资金均为100万元的持证民营种子企业，以及数十家可不办理经营许可证的经营者，他们共同承担起温岭全市农作物种子的生产和经营任务。温岭市领辉种子有限公司以供应水稻等主要农作物种子为主，年供种量达30万公斤以上；温岭市神农种子有限公司以供应蔬菜类等非主要农作物种子为主，年供种量达15万公斤以上。这两家公司年供种能力达45万公斤，约占到全市商品种子量的70%。

表6-9　温岭市种子经营情况统计

（单位：万公斤）

年份	种子生产	种子调入	种子收购	供应销售				
				大、小麦种子	常规稻种子	杂交水稻种子	其他种子	总计
1995	52.84	9.45	52.84	0.55	37.36	17.65	6.80	62.36
1996	49.73	11.70	49.73	0.99	31.71	15.44	8.82	56.96
1997	56.19	7.30	56.19	0.68	37.58	16.22	10.76	65.24
1998	51.54	8.85	51.54	0.59	37.98	10.49	13.62	62.68
1999	49.36	6.76	49.36	0.58	33.05	11.50	13.31	58.44
2000	47.41	10.32	47.41	0.55	36.36	8.14	15.55	60.60
2001	44.50	11.44	44.50	0.51	34.46	8.90	14.33	58.20
2002	46.78	9.82	46.78	0.48	31.35	10.15	12.57	54.55
2003	51.46	13.80	51.46	0.39	34.51	8.34	17.42	60.66
2004	52.33	7.72	52.33	0.41	30.85	7.17	18.77	57.20

续表

年份	种子生产	种子调入	种子收购	供应销售				
				大、小麦种子	常规稻种子	杂交水稻种子	其他种子	总计
2005	48.79	5.73	38.79	0.48	29.80	7.89	18.54	56.71
2006	49.16	24.66	49.16	0.54	29.43	6.46	20.23	56.66
2007	39.15	16.06	39.15	0.51	27.79	4.06	33.90	66.26
2008	49.65	28.43	49.65	0.45	29.15	3.52	34.91	68.03
2009	52.65	24.21	52.65	0.44	32.15	3.26	31.14	66.99
2010	55.15	21.75	55.15	0.35	33.65	3.21	31.33	68.54
2011	58.05	18.54	58.05	0.34	35.15	2.92	29.14	67.55
2012	57.24	22.35	57.24	0.25	39.78	2.65	27.45	70.13
2013	55.58	20.85	55.58	0.22	40.05	2.55	26.56	69.38
2014	56.72	19.37	56.72	0.24	39.54	2.54	27.15	69.47
2015	69.23	16.74	69.23	0.22	39.85	2.57	26.44	69.08

6. 玉环县

表6-10为玉环县种子经营情况统计。

2000年，种子公司生产早稻种子2.9万公斤，外调杂交水稻种子2.8万公斤，年供应水稻种子5.7万公斤左右。

2003年开始，种子公司不再生产水稻种子，水稻种子基本上依靠外调，供应杂交水稻种子1.5万公斤，常规早稻种子3万公斤。

2006年，按照省政府办公室《关于加快推进种子管理体制改革进一步加快加强市场监督管理的通知》精神，县种子公司不再经营农作物种子，转换为种子技术推广站，从种子经营转换为种子技术推广，完成了种子经营和种子技术推广体制改革。

2007年以后，玉环县所有农作物种子经营由村级农业服务站代销。对于部分小品种作物品种和特色新品种，根据农户需求，县农技推广中心、种子站、特产站帮助联系，农户自行购买。

表6-10 玉环县种子经营情况统计

（单位：万公斤）

| 年份 | 种子生产 | 种子调入 | 种子收购 | 供应销售 | | | | |
				大、小麦种子	常规稻种子	杂交水稻种子	其他种子	总计
1995	5.0	3.8	5.0	0	4.3	3.5	0	7.8
1996	5.0	3.5	5.0	0	4.3	3.2	0	7.5
1997	4.5	3.5	4.5	0	3.8	3.2	0	7.0
1998	4.0	3.4	4.0	0	3.9	3.1	0	7.0
1999	3.5	3.4	3.5	0	3.2	3.0	0	6.2
2000	3.0	3.1	3.0	0	2.9	2.8	0	5.7
2001	3.0	3.0	2.5	0	3.1	2.5	0	5.6
2002	2.5	3.4	0	0	2.5	2.0	0	4.5
2003	0	3.2	0	0	1.4	1.8	0	3.2
2004	0	3.1	0	0	1.4	1.7	0	3.1
2005	0	2.8	0	0	1.3	1.5	0	2.8
2006	0	2.7	0	0	1.3	1.4	0	2.7
2007	0	2.6	0	0	1.3	1.3	0	2.6
2008	0	2.7	0	0	1.5	1.2	0	2.7
2009	0	2.65	0	0	1.40	1.25	0	2.65
2010	0	2.6	0	0	1.4	1.2	0	2.6
2011	0	2.5	0	0	1.3	1.2	0	2.5
2012	0	2.65	0	0.15	1.30	1.20	0	2.50
2013	0	2.60	0	0.15	1.30	1.15	0	2.45
2014	0	2.55	0	0.20	1.25	1.10	0	2.35
2015	0	2.65	0	0.25	1.30	1.10	0	2.40

7. 天台县

天台县种子公司不生产种子，种子基本上依靠外调（表6-11）。

2002年，供应小麦种子2.3万公斤，杂交水稻种子4.5万公斤，粳、糯稻种子1万公斤，杂交玉米种子1.6万公斤，马铃薯种子17万公斤，其他种子1万公斤。

2003年，供应小麦种子1.80万公斤，供应杂交水稻种子3.90万公斤，粳、糯稻种子 1.10 万公斤，杂交玉米种子 1.75 万公斤，马铃薯种子 17.00 万公斤，其他种子 1.20 万公斤。

2004 年，供应小麦种子 2.00 万公斤，供应杂交水稻种子 4.00 万公斤，粳、糯稻种子 0.80 万公斤，杂交玉米种子 1.60 万公斤，马铃薯种子 15.00 万公斤，豆类种子 0.56 万公斤，蔬菜种子 0.50 万公斤。

2005 年，供应小麦种子 1.5 万公斤，粳、糯稻种子 1 万公斤，杂交水稻种子 4 万公斤，杂交玉米 1.5 万公斤，大豆、蚕豌豆种子 0.5 万公斤，马铃薯种子 18 万公斤，蔬菜种子 0.5 万公斤。

2006 年，供应小麦种子 1.5 万公斤，杂交水稻 3.5 万公斤，粳、糯稻 1 万公斤，杂交玉米 1.5 万公斤，马铃薯 17 万公斤，其他种子 1.1 万公斤。

2007 年，供应杂交水稻种子 3.3 万公斤，粳、糯稻 1 万公斤，杂交玉米种子 1.3 万公斤。按照省政府办公室《关于加快推进种子管理体制改革进一步加强市场监督管理的通知》精神，县种子公司不再经营农作物种子，注销公司的营业执照，完成了种子管理体制改革。

表 6-11　天台县种子经营情况统计

（单位：万公斤）

年份	种子生产	种子调入	种子收购	供应销售				
				大、小麦种子	常规稻种子	杂交水稻种子	其他种子	总计
2002	0	27.5	0	2.3	1.0	4.5	19.6	27.4
2003	0	27.00	0	1.80	1.10	3.90	19.95	26.75
2004	0	25.00	0	2.00	0.80	4.00	17.66	24.46
2005	0	27.1	0	1.5	1.0	4.0	20.5	27.0
2006	0	25.5	0	1.5	1.0	3.5	19.6	25.6
2007	0	5.6	0	0	1.0	3.3	1.3	5.6

8. 仙居县

1949—1953 年，国家仅供应少量粮食、棉麻种子，由商业部门经营。1954 年开始，良种部分由仙居县农林科负责经营，委托粮食部门代购、代贮、代销。农林部门按规定付给三代费，其一切保管损耗、调拨费用由农林部门负责结付。备荒种子由粮食部门经营。

1960年，县种子公司成立，在城峰、下各、田市、横溪四个区建立良种购销点；建造种子仓库面积1330平方米，仓容量为210万公斤；建造水泥晒场1315平方米。良种的收购、贮、调运、供销均由种子公司一线负责，仅朱溪区仍委托粮食部门代销。备荒种子按上级规定由农业部门做计划，粮食部门收贮，一切费用开支由粮食部门负责。1969年3月，良种公司划归粮食局。1973年4月，良种公司又归农业局。

20世纪50～60年代，因指挥生产上的错误，县良种公司曾大调大运种子，加上积压较多，亏损较大。据1951—1959年的统计，良种推广经营亏损28万多元，平均每年亏损3.1万元。

20世纪70年代，随着县种子公司经营管理的逐步改善，亏损略有降低。据1974—1979年统计，亏损41265元，平均每年亏6877元。

20世纪80年代，县种子公司以经营两杂种子为主，并扩大瓜类、蔬菜、豆、薯等良种的经营。1980—1990年，9年盈、2年亏。1981年、1984年两年共亏22.63万元，其中1984年亏21.88万元。主要是1983年杂交水稻特约制种面积大，单产高，有28.3万公斤种子积压，降价供应导致亏损。其余9年共盈156.30万元，年均盈利17.37万元。

1992年，县种子公司生产收购汕优10号种子68089公斤、D优46种子40787.5公斤、D优63种子5131公斤、早杂优种子242.5公斤。

1993年制种计划：横溪区（西坞45亩、郑岙152亩、山岙78亩、西溪42亩、对洋80亩春制）、田市区（圳口80亩、岩塔头130亩、王户110亩春制、下朱80亩春制）、下各区（西陆45亩春制、塘头50亩春制、溪头15亩春制）、朱溪区（大洪120亩春制）共1027亩，汕优10号制种950亩、汕优63制种100亩。

1995年，全县种子销售：Ⅱ优62-16（817公斤）、协优46（340公斤）、汕优10号（99514公斤）、汕优63（22454公斤）、汕优64（2077公斤）、汕优桂 33（9582 公斤）、Ⅱ优 63（20 公斤）、Ⅱ优 92（37 公斤）、协优 413（41公斤）、汕优 413（27 公斤）。

1996 年，杂交水稻制种收购：协优 914 共制种 264.5 亩，收购 19797.8 公斤；协优 63 共制种 169.9 亩、收购 30840 公斤；汕优 518 收购 5270 公斤；汕优 53 收购 2813 公斤；总计制种 575.3 亩，收购 58720.8 公斤。

1997 年，杂交水稻、杂交玉米种子销售：汕优 10 号 41050 公斤、汕优 63 5614.5 公斤、Ⅱ优 92 2996.5 公斤、Ⅱ优 62-16 3876 公斤、D 优 46 1608.5 公斤、Ⅱ优 63 1995.5 公斤、协优 63 445.5 公斤、汕优桂 33 3014 公斤、汕优 64 542.5 公斤、丹玉 13 9452 公斤、美玉 3208 公斤、苏玉 1 号 1395 公斤。

1998 年，杂交水稻制种总面积 475.75 亩，生产种子 59123.7 公斤，收购种子 51601.05 公斤，平均入库率 108.5 斤/亩。其中，大洪协优 914（制种 27.3 亩，收购 1507 公斤）；王户协优 914（制种 79.5 亩，收购 2722.5 公斤）；西坞汕优桂 33（制种 33.8 亩，收购 2879.5 公斤）；橘场协优 914（制种 30.1 亩，收购 924.5 公斤）；西溪汕优 53（制种 68 亩，收购 9457 公斤）；山岙协优 46（制种 72.6 亩，收购 13797.5 公斤）、汕优 518（制种 12.4 亩，收购 1313 公斤）；程岙汕优 53（制种 18 亩，收购 1777 公斤）、早优 48-2（制种 4 亩，收购 300.5 公斤）、协优 518（制种 40 亩，收购 5804.5 公斤）、汕优 518（制种 90.05 亩，收购 11118.5 公斤）。收购父本测早 2-2 25.5 公斤、密阳 46 56.5 公斤、T914 51 公斤、恢 518 51.5 公斤、恢 53 41.5 公斤；母本制种 0.8 亩，收购早红突 A 106 公斤、早红突 B 11 公斤。

9. 三门县

1988—1997 年，三门县每年建立常规早、晚稻良种繁育基地 500 多亩，大小麦繁育基地 100 多亩，棉花繁育基地 1000 多亩。1997 年遭受 9711 号台风后，良种繁育基地迅速减少。因制种成本上升，繁育基地基本上不开展繁制种，只开展少量代繁制种工作。全县用种基本从外县调入。

1998—2007 年，三门县种子经营情况见表 6-12。

表6-12　三门县种子经营情况统计

（单位：万公斤）

年份	种子生产	种子调入	种子收购	供应销售					
				大、小麦种子	常规稻种子	杂交水稻种子	棉花种子	其他种子	总计
1998	0	28.12	0	0.22	3.18	6.96	16.48	1.28	28.12
1999	0	18.35	0	0.26	2.07	8.03	6.41	1.58	18.35
2000	0	13.88	0	0.93	0.32	8.81	1.25	2.57	13.88
2001	0	8.15	0	0.12	0.11	5.61	0.83	1.48	8.15
2002	0	7.93	0	0.02	0.13	5.02	0.35	2.41	7.93
2003	0	8.67	0	0.37	0.23	4.96	0.56	2.55	8.67
2004	0	11.04	0	1.00	0.50	4.31	0.47	4.76	11.04
2005	0	10.90	0	0.23	0.21	4.01	0.56	5.89	10.90
2006	0	11.19	0	0.47	0.42	3.58	0.38	6.34	11.19
2007	0	4.13	0	0	0.30	3.20	0.36	0.27	4.13

按照浙江省政府办公室《关于加快推进种子管理体制改革进一步加强市场监督管理的通知》文件精神，2007年6月底，三门县完成了种子管理体制改革，实现管理与经营彻底分开。县种子技术推广站不再经营农作物种子，种子的生产经营活动推向市场。

四、种子经营企业

2000年前，农作物种子特别是主要农作物种子（包括水稻、大小麦、马铃薯、豆类、西瓜和蔬菜等），供应的主渠道为县种子公司。县（市、区）种子公司种子经营实行批零兼营，在其管辖的各乡镇农技站常设种子销售点，就近出售给当地农户。常规水稻种子由当地种子公司负责生产、收购和销售；杂交水稻、杂交玉米种子主要委托外地种子公司代繁或直接调入。

2006年，种子体制改革前，台州市共有持证经营企业8家，均为县（市、区）农业局所属的种子公司，其中领取500～1000万元种子经营许可证的3家，100～500万元种子经营许可证的5家；可不办理经营许可证的经营者57家。种子企业经营种子范围涉及粮油、蔬菜、瓜果等农作物种子。

2007 年，台州市共经营种子 159.93 万公斤，营业额达 1869.9 万元，利润 152.87 万元。全市共 7 家执证种子企业，种子销量为 58.97 万公斤，种子销售额 626.78 万元，利润 9.76 万元。杂交水稻、玉米、油菜和棉花种子基本无生产制种基地，靠从外地调入。

2008 年，台州市种子销售额达 1869.90 万元，主营业务利润 152.87 万元。台州市持证经营种子企业共 5 家（表 6-13），其中 4 家私有公司，1 家国有公司（仙居县）。地级办证 1 家，县级办证 4 家。注册资金均为 100 万元以上 500 万元以下。此外，登记备案的销售不再分装小包装种子的经营者 519 家，遍及全市各乡（镇）。

表 6-13　2008 年台州持证企业种子经营基本情况表

名目		温岭市领辉种子公司	温岭市神农种子公司	台州市绿色农资公司	台州市台农种业有限公司	仙居县种子公司	合计
销售收入/元		2267425	456285	449260	16600	3078226	6267796
净利润/元		90137	19396	-5391	-21144	14617	97614
种子销售/公斤	杂交水稻	31333	0	16360	0	42442	90135
	常规水稻	107620	0	2000	0	95227	204847
	小麦	0	0	0	0	1949	1949
	玉米	100	35	0	0	18676	18811
	大豆	3836	786	0	0	822	5445
	马铃薯	67710	0	0	0	173205	240915
	花生	0	0	0	0	179	179
	油菜	43	0	0	0	8704	8747
	蔬菜	0	1964	0	0	5538	7502
	其他	10890	72	0	33	144	11139
	合计	221532	2857	18360	33	346886	589668

数据来源：2008 年台州市种子行业统计数据。

2015 年，台州市持证种子企业共 5 家，其中省级办证 1 家（台州市台农种业有限公司），县（市、区）级办证 4 家。5 家企业总注册资本 4752 万元，从业人员 59 人，大专以上 35 人，科研人员 13 人。2015 年，科研经费投入

43 万元。5 家企业总资产 6975.52 万元，固定资产净值 2967.38 万元。2015 年，5 家企业总种子销售量为 148.04 万公斤，销售收入为 1529.39 万元，种子销售成本 1169.42 万元（表 6-14）。

表 6-14 2015 年台州持证企业种子经营基本情况表

名目		台州市台农种业有限公司	浙江百龙农业有限公司	台州市盛农种子有限公司	仙居县种子公司	温岭市神农种子有限公司	合计
销售收入 / 元		6875964	2410928	720000	4702834	584200	15293926
净利润 / 元		−16583	102000	20000	270000	30500	405917
种子销售 / 公斤	杂交水稻	83303	0	1060	26666	0	111029
	常规水稻	700682	4570	15000	6164	0	726416
	小麦	0	0	5000	685	0	5685
	玉米	0	0	0	7903	0	7903
	大豆	0	0	0	20	0	20
	马铃薯	0	0	0	459857	0	459857
	花生	0	0	0	494	0	494
	油菜	0	0	0	1667	0	1667
	蔬菜	4308	0	100	3937	15000	23345
	其他	0	132671	700	10564	0	143935
	合计	788293	137241	21860	517957	15000	1480351

数据来源：2015 年台州市种子行业统计数据。

种子管理

台州对种子管理工作历来比较重视。1949 年后，随着农业机构的变迁，种子管理机构也不断完善。

一、种子管理工作概况

1. 种子管理机构变迁情况

1949—2015 年，特别是改革开放后，台州在种子的行业管理、法规标准、质量监督等方面形成了较为完备的管理体系。综观种子管理大致可以划分为四个阶段。

第一阶段（1949—1997 年）：基本属于计划经济时期，国家垄断经营种子，种子行政管理工作没有实质性开展。

第二阶段（1998—2000 年）：1998 年，台州市种子管理站单独建站。2000 年，《中华人民共和国种子法》及配套法规施行，自此种子管理工作有法可依，逐步走上规范管理之路。各县（市、区）种子管理机构都相继从种子公司分离出来，实现了行政管理与企业经营的脱钩，从而建立了一支种子管理队伍，明确了职责，加强了管理，各项工作全面开展。台州市种子管理站在 1998 年获浙江省种子管理工作先进单位。

第三阶段（2001—2006 年）：实行综合执法，全市各级种子管理站工作人员基本上并入综合执法队伍，种子市场依法经营，经营状况得到明显改善。随着种子经营市场化程度的日益提高，种子管理的工作任务也日益繁重。种子管理站的工作职责：负责农作物品种管理（主栽农作物品种确定与引导、新品种示范展示、新品种区域试验与审定），质量管理（种子质量抽检、田间农作物种子质量纠纷鉴定），种子行政许可，种子市场执法检查，种质资源保护，种子储备与管理，种子行业管理，专业报表与分品种面积统计汇总，种业信息服务等。

第四阶段（2007—2015年）：按照《国务院办公厅关于推进种子管理体制改革加强市场监管的意见》（国办发〔2006〕40号）文件要求，市、县两级种子管理部门单独建制，履行以下种子管理机构职能。

（1）贯彻执行种子法律法规及方针政策，对种子行业进行管理与技术指导，制定种子产业发展规划、种子管理相关规定、标准。

（2）参与种子生产、经营许可证核发与管理。

（3）受省品种审定委员会的委托，受理特定区域主要农作物品种审查工作。

（4）农作物种质资源保护与管理、品种区试及展示示范。

（5）负责行政区域内种子质量监督管理、种子质量事故与纠纷的鉴定、调解和处理工作。

（6）接受农业行政主管部门委托，行使种子行政执法工作，独立或会同有关部门查处违法行为。

（7）主要农作物原（良）种生产、繁育及新品种引进、展示示范、推广与推介管理，指导行政区域内农作物品种布局。

（8）承担农作物救灾备荒种子储备管理。

2015年，台州市经机构编制委员会(或政府)批准的市、县两级种子管理站共10个，与农业综合执法支队（大队）并存，单位性质均为全额事业。台州市本级、椒江区、黄岩区、温岭市、玉环县、三门县共6家机构独立设置，路桥区、临海市、天台县、仙居县4家机构与农业技术推广机构合署办公。共有全额编制数83个，在编73人，实际在编在岗61人，离退休人员32人。管理人员24人，专业技术人员35人，工人2人。正高级职称2人，副高级职称14人，中级职称18人，初级职称人员10人，结构较合理。种子执法持证人员27人。县级管理机构在编在岗人员平均为6.5人（不含离退休人员）；

温岭市最多，达 12 人；最少的为玉环县，只有 3 人。

2. 开展的主要工作

品种的引进试验与宣传推广　各级种子管理部门每年引进一大批农作物新品种进行试验示范，台州市种子管理站每年组织召开由种子管理、科研单位及持证种子企业参加的全市早稻、晚稻等新品种现场考察活动，各县市也召开由乡镇农技人员、种子经营户等参加的良种现场考察活动，有效地促进了新品种的推广。

种子行政许可与种子经营单位的备案登记　根据《中华人民共和国种子管理条例》（1989-03-13 实施），种子管理站成立后，开展种子经营单位（个人）的调查工作，核发种子公司的种子生产、经营许可证，给乡镇农业综合服务站、乡村种子经营户发种子代销证（杂交水稻、杂交玉米种子由种子公司统一组织生产和经营，其他种子实行市场化运作）。2001 年《中华人民共和国种子法》实施后，农作物种子全部实行市场化供应。2007 年种子管理体制改革后，种子的生产、经营活动全面推向市场，国有种子公司的种子生产、经营许可证被回收。2011 年农业部第 4 次常务会议审议通过了新的《农作物种子生产经营许可管理办法》（2011 年 9 月 25 日起施行）。经过多年的培育、发展，形成了新的种子供应体系。2013 年，台州共有持证种子生产、经营企业 5 家，经备案登记的种子经营单位（个人）482 家。

种子市场监管　种子管理站成立后，开展种子市场的联合执法检查与监管工作。在每年春、夏播种子供应前关键季节，各地全面开展辖区内种子市场的监督检查工作，主要检查销售台账、种子包装标签、生产经营档案、品种是否审定及种子来源等情况，并进行抽样检查。2001 年 10 月，种子管理站开展种子执法月活动。2006 年 3 ～ 4 月，开展了以加强源头治理、市场整顿为重点的"绿剑"春季集中执法行动。农业部确定 2010 ～ 2013 年开展全国种子执法年活动，台州随即开展，加强种子市场的执法检查，加强品种管理，抓好种子质量的监督抽检工作。

2015 年，台州市共设未经认证的种子检验室 8 个，检验室面积 433 平方米，种子检验员 16 人。开展的检验项目有检验净度、发芽率和水分等。监督抽检 76 份，合格率 100%。同时，对种子质量的监督抽查覆盖范围和力度不断加大，各地完成农作物种子质量自主抽检 166 个，代表种子 144 万公斤，种子质量合格率稳定在 90% 左右，杂交水稻种子合格率稳定 100%。种子质量监督抽查相关工作确保了种子质量，保证农业生产用种安全。

二、县市区种子管理工作

1. 椒江区

1985 年 9 月 11 日，椒江市人民政府椒政〔1985〕105 号文件批准建立椒江市种子公司（椒江市种子公司成立前，种子生产和经营一直由台州市种子公司椒江购销站代理）。椒江市种子公司为事业性质，归属椒江市农林水利局领导，主要为本地开展良种繁育和经营业务。1989 年 12 月 29 日，经椒江市机构编制委员会的椒编委〔1989〕68 号文件同意，椒江市种子站成立，与市种子公司合署办公（两块牌子一套人马）。1989 年 3 月 14 日，椒编委〔1989〕7 号文件核定批复市种子公司编制 6 名。1990 年 10 月 12 日，椒编委〔1990〕60 号文件批复市种子公司增加编制 1 名。1991 年 9 月 29 日，椒编委〔1991〕36 号文件批复将市种子站更名为市种子管理站。1996 年 9 月 9 日，椒农林〔1996〕57 号文件通知，区种子公司与区农技推广中心合并，实行一套人马两块牌子。1998 年 3 月，种子公司又从农业技术推广中心分出，单独行使种子管理和良种推广经营职能。2002 年 2 月 8 日，经区编委批复，区种子公司与江南种子站合并设立椒江区种子推广站，核定编制 9 名。区种子管理站 2 名人员划归执法大队。2007 年 6 月 14 日，经区编制委员会批复，区种子推广站更名为区种子管理站（一直延续至今），从此不再生产和经营种子，其职能重点从推广转为管理兼顾良种引进推广。其间，包祖达同志曾获浙江省种子执法工作先进个人。

自成立以来，种子管理站每年开展两次种子市场全面检查。对全区种子经营业主开展种子法律法规及种子经营规则培训考核。彻底整顿本区的种子市场，对经筛选确定的种子分经营业主进行备案登记，且每年进行抽查。对在本区经营的农作物品种进行预登记，确保种子安全生产。积极引进各类农作物新品种并进行试验筛选，确保本区主要农作物主导品种突出、后继品种具连续性。积极开展主要农作物品种的展示、示范工作，加快优良新品种的推广速度。多年来，椒江区种子管理站一直承担浙江省种子管理总站的杂交水稻、鲜食春大豆、西蓝花、西甜瓜等新品种的示范展示工作，并取得了很大成绩。十几年来，本区未发生重大的种子生产事故和种子质量纠纷，有力地保障了本区农业生产的安全。

2. 黄岩区

1953年，黄岩县种子站建立，负责种子管理工作，1960年2月改为黄岩县种子局，1961年恢复为黄岩县种子站（并入农业局）。1978年10月，黄岩县种子公司成立，兼管日常种子管理工作。1992年7月黄岩市种子管理站成立（种子公司增挂）。1998年9月，台州市黄岩区种子管理站独立建站。2001年4月，台州市黄岩区种子管理站人财物和种子公司分设。2004年2月，种子公司名称变更为台州市黄岩区种子技术推广站。2002年11月至2005年5月，台州市黄岩区种子管理站、台州市黄岩区植物检疫站合署办公。2005年6月至2007年6月，台州市黄岩区种子管理站、台州市黄岩区农业行政执法大队合署办公。2007年7月至2008年5月，台州市黄岩区种子管理站、台州市黄岩区种子技术推广站合署办公。2008年5月，台州市黄岩区种子技术推广站撤销，人、财、物并入种子管理站。2012年6月，黄岩区种子管理站被确定为行政管理类事业单位。种子管理站成立后，在品种上通过示范、展示工作，加大新品种的引进、试验、筛选力度，发布主导品种推广制度；通过种子执法年活动，加强种子市场的监督检查工作，重点检查销售台账、种子包装标签、生产经营档案、品种是否审定及种子来源等情况。2001年10月，开展种子执法月活动，组织了一次西瓜种子质量田间现场鉴定，同年11月联合查处了一起无证分装西瓜种子案。2002—2005年，立案查处了6起违法经营种子案件。2006年3～4月，开展了以加强源头治理、市场整顿为重点的"绿剑"春季集中执法行动；4月底对全区种子经营户经营的种子进行抽样，抽取了5个样品，送省级单位进行检测，其中有2个样品不合格。2007年后，种子的生产经营全面推向市场，市场管理难度增加。2007—2014年，共抽检86批次种子送省级检验，其中64批次合格，对不合格的种子依法作了处理。经过抽检，种子质量有了提高，2014年抽检的12个种子样品全部合格。

3. 路桥区

1994年，路桥区设立。1995年3月前，路桥种子站隶属于黄岩市种子公司。1995年3月，经路桥区机构编制委员会核定批准，台州市路桥区农林技术推广总站成立（增挂：种子管理站）（路编〔1995〕33号），2007年6月前生产及经营常规早稻和晚稻种子，杂交水稻种子外调经营。2007年7月后，为加快种子管理体制改革，实现政企分开，强化管理，完善法制，规范种子市场秩序，将种子的生产经营全面推向市场，路桥种子公司撤销，不再经营农作物种子。2010年11月，路桥区机构编制委员会重新核定后同意单独设立台州市路桥区种子管理站（路编〔2010〕63号）。路桥区种子管理站为承担行政职能的事业单位。挂在路桥区农业技术推广总站的路桥区种子公司牌子和挂在路桥区农林行政执法大队的路桥区种子管理站牌子被撤销。

路桥区种子管理站的主要工作：①对全区种子经营主体开展种子法律法规及种子经营规则培训考核。②开展种子市场检查。每年开展两次种子市场检查，彻底整顿本区的种子市场，对种子分经营业主进行备案登记，且每年抽查。③负责种子质量管理，组织开展全区种子田间检验、种子质量抽检，承担农作物新品种引进、试验和示范推广工作。④负责种子生产许可证、种子经营许可证、种子质量合格证的审核工作。⑤负责种质资料保护与调查、市场监测调控、种子储备管理、种业信息报送等工作。

4. 临海市

根据《中华人民共和国种子管理条例》，1993年12月经机构编制委员会同意，临海市种子管理站于1994年1月成立，与植物检疫站一套人员，为事业编制，隶属市农业局，1999年3月后划归农业行政执法大队，与农业技术推广中心合署办公。2007 年 6 月，市种子公司改制后，临海市种子管理站的种子管理职能更加明确，主要开展法律法规宣传、生产经营备案许可、种子种苗市场监管、种子质量抽检、种子储备、新品种示范推广、种子执法检查、种质资源保护利用、种业发展及信息发布等工作。2009—2015 年，临海市种子管理站开展法律法规宣传 10 多次，发放宣传资料 2000 多份；检查种子种苗市场 100 多个次，品种近 2000 个次；办理生产经营备案 68 家；抽检农作物种子 186 批次，合格率 94%；轮换储备种子 32 万公斤，折算量 120 万公斤；示范推广新品种 2300 个次，示范面积 3000 亩，其中水稻 139 个次，西蓝花 2000 个次；普查种质资源 13 份，调查处理种子生产事故 18 起，查处种子违法案件 17 起，罚款或没收违法所得 7.1 万元。

5. 温岭市

新中国成立以后，随着农业机构的变迁，温岭市种子管理机构不断完善。1955 年，种子股设置在县农业水利局内，1957 年改称为种子站，1958 年与农技站合并为农技种子站。1958 年 3 月 5 日，种子办公室设置在粮食局内办公。1960 年 1 月，县种子局成立，同时成立的有浙江省良种公司温岭县支公司；当年种子局撤销，相关职能和人员并入农林水利局，又设农技种子站。1980 年，县良种支公司改建为县种子公司。1987 年 9 月 12 日，历来与种子公司合署办公的种子站被归口到县农技推广中心。2002 年 12 月，种子管理工作归入新成立执法大队，市种子公司更名为温岭市种子技术推广站，负责种子工作。2007 年 7 月，市种子技术推广站更名为市种子管理站，增加管理职能。

自成立种子管理站以来，积极履行相关职能。每年通过科技下乡、市场检查、专题培训等方式方法宣传种子法律法规与产业政策，宣传农作物优良品种以及品种栽培技术。每年开展 3～4 次农作物种子市场检查，检查种子品种审定与登记、包装、标签及使用说明，并抽检农作物种子样品（送省级检测）。加强质量管理，对主要农作物水稻全面实施收贮后、售前二次种子质量抽检，抽检覆盖率 100%。在订单水稻生长期进行田间纯度检查，监督生产企业去杂、去劣，确保种子四项质量指标符合要求。

6. 玉环县

玉环县种子管理站经县机构编制委员会批准于 1994 年 4 月设立，与原玉环县种子公司一套班子，两块牌子。1997 年因浙江省要求种子管理与种子经营分开，经玉环县农业局统一部署，将职能转入玉环县农业技术推广中心，后又转入玉环县农业行政执法大队。玉环县种子公司于 2003 年 6 月更名为玉环县种子推广站，并停止经营活动，2006 年经营许可证被县工商部门吊销。按照浙江省政府《关于加快推进种子管理体制改革进一步加强市场监管的通知》（浙政办发〔2006〕138 号）和全省种子工作会议精神，决定撤销玉环县种子推广站，将该站职能、编制、人员、财产均纳入玉环县种子管理站，并明确玉环县种子管理站为正股级全额拨款事业单位。县种子管理站主要职能：编制种业发展规划并组织实施，履行品种管理及新品种展示、示范、推广，种子质量管理，种子行政许可审核，持证企业管理，种质资源保护管理，市场监测调控，救灾种子储备管理，种业信息服务等。

自成立以来，种子管理站积极做好农作物新品种的引进、试验、示范，对有潜力成为主导品种的农作物新品种加大推广和宣传力度，加速良种推广速度；对本地特色种质资源进行保护，已圆满完成三次全国性的种质资源保护调查工作；配合执法大队开展种子市场检查，每年开展至少两次种子市场全面检查。多年来，玉环县未发生重大的种子生产事故和种子质量纠纷，这有力地保障了本地农业生产的安全。

7. 天台县

1973 年 7 月，天台县种子公司成立，隶属县农业局管理。2005 年 5 月，根据天编〔2005〕9 号文件，天台县种子公司更名为天台县种子技术推广站。2007 年 12 月，根据国务院办公厅《关于推进种子管理体制改革加强市场监管的意见》（国办发〔2006〕40 号）和浙江省人民政府办公厅《关于加强推进种子管理体制改革进一步加强市场监管的通知》（浙政办发〔2006〕138 号）精神，天台县种子技术推广站更名为天台县种子管理站，为全额拨款事业单位，编制 6 人，不再承担种子经营职责。天台县种子管理站成立后，除种子处罚职能在县农业行政执法大队外，其他种子管理职能一并划入天台县种子管理站。县种子管理站主要职能：负责对全县种子经营业主开展种子法律法规及种子经营规则培训；负责农作物品种管理以及新品种引试、展示、示范；负责全县种子质量管理、行政许可审核、种子生产经营备案、种质资源管理；负责种子市场监测调控、种子储备管理和种子信息服务；协助做好本县的种子生产事故和种子质量纠纷等的处理工作。

8. 仙居县

1957 年 10 月，仙居县种子站建立。1960 年 1 月，县种子站升为县种子局，当年在横溪、田市、城峰、下各等区设业务点。1962 年 2 月，种子局撤销，恢复为县种子站，是县农业局股级事业单位，与县种子公司两块牌子一套人马。1986 年 9 月，县种子站并入县农技推广总站。1989 年 12 月，县种子管理站成立，仍与县种子公司合署办公。1990 年 2 月，县种子管理站恢复为局属机构。1997 年 12 月，县种子管理站与县种子公司分离，与植物检疫站合署办公。1998 年，县良种推广站成立，与县种子公司合署办公。2007 年，县人民政府召开专题会议，明确将县良种推广站和种子公司分设，同时将良种推广站更名为县种子管理站。2010 年底，种子管理站核编 9 人，在岗 9 人；种子公司核编 13 人，在岗 11 人。

2008—2015 年，仙居县种子管理站共抽检 47 批次种子（送省级检验），其中 40 批次合格，占抽检样品的 85.1%。2009 年，仙居县种子管理站分别在春、夏、秋三季开展全县种子市场检查，抽检样品 6 个，合格率为 83.3%。当年发生田间种子质量纠纷 4 起。2014 年，种子市场检查以打击侵犯品种权和制售假劣种子行为为重点，共出动执法人员 75 人次、检查种子市场 57 个次、检查种子经营企业和门店 196 个次，抽检种子样品 3 个，检测结果合格。县种子管理站组织种子质量纠纷田间现场鉴定 6 起。2015 年，县种子管理站抽检种子样品 7 个，对 2 个不合格蔬菜种子经营单位做了处理；组织种子质量纠纷田间现场鉴定 6 起。

9. 三门县

1976 年 5 月 12 日，三门县建立三门县种子公司，隶属县粮食局。1978 年 1 月，三门县种子公司归口县农业局管理。2001 年，三门县种子公司变更为三门县种子技术推广站。2007 年 6 月，县种子技术推广站更名为县种子管理站。

CHAPTER 第八章

种子储备

台州是缺粮地区，又是洪涝、台风和干旱等自然灾害频发地。为防范自然灾害造成的缺种，自古以来台州农民都有"家有两套种，不怕老天哄""情愿饿断肠，不愿吃种粮"等防灾备种的习惯。一旦遇到灾害而缺种，还有亲帮亲、邻帮邻的优良传统。有的农村还设有义仓，作为救灾备用。官府在发生严重灾害时，也会发放救灾种子。

一、种子储备工作概况

1952年11月26日，为了备荒，浙江省人民政府发出《关于举办义仓的指示》，指出义仓、积谷备荒是民间的习惯，要十分重视这一工作。

20世纪50年代前期，为了筹划购储备荒种子，国家又下达《关于筹划备荒种子的指示》《运用备荒种子的办法》《关于组织力量、搞好备荒种子收购储备工作的通知》和《备荒种子的购贮办法》等一系列文件。在各级政府统一领导下完成购储备荒种子工作：农业部门负责拟订备荒种子收购和动用计划、资金拨付与种子检验工作；粮食部门负责备荒种子收购、保管与销售工作；财政部门负责结算公粮等有关工作。

20世纪60年代前期，鉴于三年困难时期大调大运商品粮作种给农业生产带来损失的教训，国家重申贮备一定数量备荒种子的必要性，强调备荒种子按中央、省、县三级储备，以县储备为主，除繁殖用良种外，一般不再做县与县、地区与地区之间调运。备荒种子仍由粮食部门负责保管经营，做到分品种单独贮存，重视种子质量，坚决改变过去以混杂的商品粮代种的做法。60年代中期，各地备荒种子工作一度停顿。

1978 年，根据中央关于种子公司要收购一部分救灾备荒良种的精神，浙江省农业厅、粮食局联合发文，从 1979 年开始，除大田备荒种子仍由粮食部门负责外，各级农业部门购储三级备荒良种。

20 世纪 80 年代后，在粮食购销体制改革和种子产销市场化进程加快，种植业结构调整不断推进的情况下，政府掌握适量和必要的粮食作物救灾储备种子，是对粮食生产进行宏观调控，确保一定粮食生产总量的关键性措施。1987 年 5 月，台州地区农委、粮食局下达《种子粮定购指标的通知》，安排了 16.25 万公斤种子粮定购任务，用于全区系列杂交水稻三系种子、杂交水稻制种、常规稻新品种繁殖及种子提纯复壮。1989 年又继续安排种子粮定购任务。

2003 年，《浙江省粮食作物救灾种子储备管理办法》发布，要求建立健全粮食作物救灾种子储备制度，各级种子管理机构承担具体储备工作。台州种子储备任务为 105 万公斤（按常规水稻种子折算），其中市本级 20 万公斤，9 个县市区 85 万公斤（表 8-1）。

表 8-1　2004—2015 年粮食作物救灾储备种子任务表

（单位：万公斤）

行政区划	市本级	椒江	黄岩	路桥	临海	温岭	玉环	仙居	天台	三门
数量	20	4	5	5	20	20	3	8.5	12.5	7

注：数量按照按常规水稻种子折算。

2011—2012 年度台州市县两级共完成救灾种子储备 107 万公斤，落实储备专项资金 236 万元，全部纳入财政预算。2013 年全市共申请动用市县两级救灾储备种子（早稻）17.97 万公斤，增播早稻面积 3.6 万亩，实现生产粮食 1400 万公斤，有效解除早稻种子市场缺种风险，确保了粮食生产特别是早稻生产的用种安全。

二、县市区种子储备工作

1. 椒江区

2004—2007 年，椒江区种子储备工作由区种子公司负责，常规种子由公司收购储藏，杂交种子由公司购入储藏，发生的亏损及费用由财政承担，每年结算一次。2008—2009 年，椒江区的种子储备任务为 5 万公斤，由区种子技术推广站承担。常规种子（早稻）由区种子技术推广站收购储藏，其他杂交水稻种子委托宁波种子公司代储，蔬菜种子由经营部委托代购、推广站统一储藏，费用统一纳入预算。2010—2015 年，全部种子委托台农种业有限公司代储，统一招标（或跟市标），一年一结，费用纳入财政预算。

2. 黄岩区

2004 年以前，黄岩区的种子储备工作由种子公司负责，通常在年种子供应量的基础上准备 5%～10% 的种子量为预备种子（发生灾害和应急时使用），发生的费用、亏损在经营利润中支出。台州市农业局、台州市财政局下达黄岩的台农〔2004〕143 号文件中黄岩区年种子储备任务为 5 万公斤。根据《浙江省农作物种子贮备管理办法（试行）》（浙农计发〔2008〕78 号）文件，2004—2008 年黄岩区的种子储备工作由区种子技术推广站承担。2008 年开始，种子储备工作由种子管理站承担，储备费用列入区级财政预算，种子的储备计划、动用报请区人民政府批准后组织实施。2008—2012 年，常规早晚稻种子自繁、自收、自储；2013 年，常规稻种子委托台农种业有限公司代储，杂交水稻种子中浙优 1 号、中浙优 8 号委托浙江勿忘农种业股份有限公司代储，甬优系列品种委托宁波市种子有限公司代储，转商种子实行公开招标处理，并探索通过招投标的办法落实种子储备计划及种子的动用、转商处理。2014 年的储备计划在组织专家论证后，报区政府批准，并经区人民政府采购办公室同意，按省级储备（省政府公开招标采购）合同（跟标），采用委托代储的方式落实储备计划。

3. 路桥区

1995 年前，种子储备工作由黄岩市种子公司负责常规种子的收购储藏。1996—2007 年，种子储备工作由路桥区种子公司负责常规种子收购储藏，通常在年种子供应量的基础上准备 5% 左右的种子量为预备种子（发生灾害和应急时使用），发生的费用、亏损在经营利润中支出。2008 年，路桥区种子公司改为路桥区种子管理站。2008—2012年，根据《浙江省农作物种子贮备管理办法（试行）》（浙农计发〔2008〕78号）文件，种子储备工作由区种子管理站承担，常规早晚稻种子自繁、自收、自储，动用时报请区人民政府批准。2013—2015年，区级常规种子（早稻）储备任务为每年5万公斤，全部委托台农种业有限公司代储，跟市标，一年一结，费用纳入财政预算，种子的动用报请区人民政府批准后组织实施。

4. 临海市

2008年前，临海市农作物种子储备工作由市种子公司承担。2008年开始，转为临海市种子管理站承担，每年种子储备专项资金30万元，2015年增至45万元，每年自行采购水稻、玉米、大豆、蔬菜等种子20万公斤以上，储备于本市种子低温库，以便用于救灾补种和市场余缺调剂。储备品种有金早47、中早39、温926、中嘉早17等常规早稻品种，盐两优888、岳优9113、中优161、中优9号、钱优2号等杂交水稻品种，郑单958、科糯986等玉米品种，八月半大豆，以及苏州青、抗热605、短叶13等蔬菜品种。通过执行《临海市农作物种子储备仓库管理制度》和《临海市农作物种子储备管理制度》，加强储备管理和种子质量监测，对超过储备年限的种子定期轮换，推陈出新，保证储备种子质量，发挥储备作用。

5. 温岭市

2004年开始，温岭市正式建立粮食作物救灾种子贮备制度，种子站（公司）拥有泽国、新河、箬横、城北四个种子仓库。1999年底，温岭种子站购置进口（丹麦）种子加工成套设备（精选机）、种子烘干机（日本）等设备设施。2004—2007年，由市种子技术推广站（种子公司）负责生产、收购并贮藏种子。2008年起，温岭市种子管理站委托有资质的种子公司储备种子，并对储备种子进行跟踪抽检，测定水分、净度、发芽率等指标，保证储备种子质量。温岭市级年储备水稻种子17～23万公斤，作为救灾与余缺调剂，种子储备量居台州首位。2009年开始，实施早稻良种收购奖励补贴，2009—2010年奖励补贴标准为0.40元/公斤，2011年奖励补贴标准为0.50元/公斤，2012年起补贴标准为 0.60 元 / 公斤。常年收购量不低于 15 万公斤。

6. 玉环县

根据《浙江省农作物种子贮备管理办法（试行）》浙农计发〔2008〕78 号文件要求，2008 年开始种子储备工作由县种子管理站承担，救灾种子储备任务 3 万公斤。2008—2015 年，玉环县种子管理站指定具有储备资质的种子公司代储，并签订承储合同。每年委托宁波市种子有限公司代储早稻种子 2 万公斤及杂交晚稻种子 2000 公斤（折合为常规稻 1 万公斤），自储蔬菜 100 公斤。

7. 天台县

2008 年以前，天台县种子储备工作由县种子公司负责，储备品种以经营的主要推广水稻品种为主（发生灾害和应急时使用），出现的费用、亏损在经营利润中支出。2008 年后，天台县的种子储备任务为 8.5 万公斤，由县种子管理站承担，储备费用统一纳入县财政预算。2008—2012 年，委托浙江省农科种业公司和浙江勿忘农种业股份有限公司代储，2013 年至今按省级储备（省政府公开招标采购）合同（跟标），采用委托代储的方式落实储备计划。

8. 仙居县

2008 年以前，仙居县种子储备工作一直由县种子公司负责实施。根据《浙江省农作物种子贮备管理办法（试行）》（浙农计发〔2008〕78 号）文件要求，2008 年开始种子储备工作由县种子管理站承担，委托县种子公司代储。县政府对种子储备工作高度重视，在县财政十分紧张情况下每年拨出 10 万元作为种子储备专项经费，列入同级财政预算，2014 年经费增至 15 万元，2015 年再增至 25 万元。县农业局作为种子储备主管部门，根据省市下达的种子储备任务，以文件形式下达给县种子管理站。从 2008 年至 2015 年，种子储备任务均为 12.5 万公斤，均由具有储备资质的县种子公司代储，并签订承储全同，报省种子管理总站备案。2015 年储备的种子为早籼种子 5.75 万公斤，杂交玉米种子 1.5 万公斤，杂交水稻种子 0.5 万公斤，速生蔬菜种子 0.1 万公斤，合计实物种子 7.85 万公斤。种子储备工作保持了连续性和稳定性。动用储备种子需报请县人民政府批准后组织实施。

9. 三门县

2004—2007 年，三门县农作物种子储备工作由县种子技术推广站承担完成，一般在年种子供应量的基础上准备 5% 左右的备用种子（发生灾害和应急时使用），发生的费用、亏损在经营利润中支出。2008 年种子体制改革后，种子储备工作由县种子管理站承担。根据《浙江省农作物种子贮备管理办法（试行）》（浙农计发〔2008〕78 号）文件要求，县种子管理站委托有资质的种子公司储备种子，并对储备种子进行跟踪抽检，测定水分、净度、发芽率等指标，保证储备种子质量。县种子储备经费列入同级财政预算，每年拨出 10 万元作为种子储备专项经费。从 2008 年至今，三门县种子储备任务均为 7 万公斤，按省级储备（省政府公开招标采购）合同（跟标），采用委托代储的方式落实储备计划，并签订承储合同。

CHAPTER 第九章 9

科技成果、奖励、论文、著作

一、科技成果、奖励

一粒种子改变一个世界，种业竞争本质是科技创新比拼。改革开放之前，农业用种主要依靠农民自选、自留，种业科技发展缓慢。改革开放以后，特别是 2000 年"种子工程"的实施，台州广大种业科技工作者开展了新品种选育、新品种引进试验与推广、种子处理技术、良种配套栽培技术、种质资源开发利用等方面的研究，取得了一系列优秀科技成果。主持或参与的各类科技项目成果获得农业部农业丰收奖一等奖、浙江省科技进步奖一等奖等奖励。据统计，截至 2015 年，台州市获奖励的种业优秀科技成果共有 160 多项（详见表 9–1 至表 9–10）。台州种业科技工作者的辛勤付出受到了各级政府部门的表彰和奖励，如陶渠民同志获得"全国农业科技推广先进工作者"称号。

表 9–1　台州市市本级科技成果、奖励

编号	成果	奖项	获奖者
1	植物遗传资源核心种质构建新方法的研究	2009 年度浙江省高校优秀科研成果奖	张胜（第 5 完成人）
2	甬粳 2 号 A 及所配籼粳杂交晚稻选育及产业化	2010 年度浙江省农业科技进步奖一等奖	林太赟（第 4 完成人）
3	甬优 9 号优质高产栽培集成技术研究与推广	2013 年度浙江省农业丰收奖三等奖	林太赟、张胜
4	甬优 9 号优质高产栽培集成技术研究与推广	2014 年度台州市科学技术进步奖三等奖	林太赟、张胜
5	籼粳杂交水稻甬优 9 号产量性状与产量的相关回归及通径分析	2013 年度台州市第一届自然科学学术奖二等奖	张胜、林太赟
6	双子叶植物丝瓜种子发芽性状遗传分析	2014 年度台州市第二届自然科学学术奖二等奖	张胜、林太赟

续表

编号	成果	奖项	获奖者
7	高产高油广适油菜新品种浙油 50 的选育与推广	2015 年度浙江省科学技术进步奖一等奖	林太赟（第 11 完成人）
8	鲜食叶用芥菜新品种台芥 1 号选育及应用	2015 年度台州市科学技术进步奖二等奖	林太赟（第 5 完成人）

表 9-2　椒江区科技成果、奖励

编号	成果	奖项	主要获奖者
1	晚粳甲农 66	1979 年浙江省科学大会科技成果奖三等奖	原水陡公社同心大队
2	杂交晚稻协优 914 高产栽培技术研究	1999 年度浙江省农业科技进步奖三等奖	尹学兴（第 9 完成人）
3	甬粳 2 号 A 及所配的籼粳杂交水稻新组合选育与产业化	2009 年度浙江省农业科技进步奖一等奖	包祖达（第 12 完成人）
4	籼粳亚种间杂交水稻作单季栽培的配套技术研究集成与应用	2008 年度台州市科学技术进步奖三等奖	包祖达（第 3 完成人）
5	中浙优 1 号作单季栽培的配套技术研究与示范推广	2009 年度台州市科学技术进步奖三等奖	包祖达（第 3 完成人）
6	甬优 9 号优质高产栽培集成技术研究与推广	2012 年度台州市科学技术进步奖三等奖	包祖达（第 4 完成人）
7	超级稻甬优 12 超高产技术研究与推广	2017 年度台州市科学技术进步奖二等奖	包祖达（第 2 完成人）
8	甬优系列籼粳杂交水稻品种优势利用研究与推广	2014—2016 年度全国农业技术推广成果奖一等奖	包祖达（第 9 完成人）
9	鲜食春大豆辽鲜 1 号引进及其高产栽培技术研究集成与示范推广	2009 年度浙江省农业丰收奖三等奖	包祖达（第 1 完成人）、丁杨东、戴夏萍（3、4 完成人）
10	甬优 9 号优质高产栽培集成技术研究与推广	2012 年度浙江省农业丰收奖三等奖	包祖达（第 4 完成人）
11	鲜食大豆新品种辽鲜 1 号的高产栽培技术	2013 年度台州市第一届自然科学学术奖三等奖	包祖达、丁杨东
12	推广早稻嘉籼 758 面积万亩夺高产	1990 年度台州市农业丰收奖四等奖	包祖达（第 1 完成人）杨靖江（第 2 完成人）
13	籼粳亚种间杂交水稻作单季栽培配套技术集成应用与推广	2009 年度椒江区农业丰收奖一等奖	包祖达（第 1 完成人）

黄岩区

1995年2月农业部、国家科委、人事部、水利部、林业部、农发办授予陶渠民同志(黄岩市种子公司经理)"全国农业科技推广先进工作者"称号奖励。

表9-3 黄岩区科技成果、奖励

编号	成果	奖项	获奖者
1	辐籼6号更换青秆黄大面积大幅度增产	1990年度浙江省政府农业丰收奖四等奖	陶渠民(第1完成人)
2	协优46引种推广	1990—1991年度台州地区自然科学优秀论文三等奖	陈寿明
3	杂交粳稻七优2号亩产超500kg的穗粒结构及栽培技术研究	1990—1991年度台州地区自然科学优秀论文二等奖	陶渠民、袁振彭、贝道正
4	浙辐9号的生育特性和栽培途径	1990—1991年度台州地区自然科学优秀论文三等奖	陶秀明、陶渠民、任宇
5	台州地区早杂优引种试验研究	1990—1991年度台州地区农业技术改进奖三等奖	陶渠民(第3完成人)
6	杂交晚稻万亩连片超千斤、千亩超千一	1991年度浙江省政府农业丰收奖四等奖	陶渠民(第1完成人)
7	早籼高产、抗病新品种辐籼6号推广	1992年度浙江省农科院科技成果二等奖	陶渠民
8	早籼优质米品种丰产性和稳产性分析	1990—1991年度台州地区自然科学优秀论文三等奖	陶秀明、陶渠民、郎献华
9	早籼高产、抗病新品种辐籼6号	1992年度浙江省科学技术进步奖三等奖	陶渠民
10	浅谈我市蔬菜种子现状及前景初探	1995年度台州市自然科学优秀论文二等奖	陈寿明
11	台州市百万亩早籼浙733、舟903及高产配套技术推广	1995年度浙江省农业丰收奖二等奖	林飞荣(第12完成人)
12	水稻平均适宜用量分层施肥技术	1996年度浙江省农业厅技术改进奖三等奖	林飞荣(第5完成人)
13	水稻平均适宜用量分层施肥技术	1997年度浙江省科学技术进步三等奖	林飞荣(第5完成人)
14	黄岩区万亩旱地间套复种栽培技术推广	1998年度台州农业丰收奖二等奖	林飞荣(第2完成人)
15	化肥机械深施技术推广	1999年度浙江省农业丰收奖二等奖	林飞荣(第13完成人)
16	杂交晚稻协优914高产栽培技术研究	1999年度浙江省农业科学技术奖三等奖	林飞荣(第10完成人)

续表

编号	成果	奖项	获奖者
17	调整和优化结构 增旱地经济效益	2000 年度浙江省农业丰收奖三等奖	林飞荣（第 2 完成人）
18	大棚番茄合作 903 推广	1999—2001 年度台州科技优秀论文二等奖	陈寿明
19	蔬菜防虫网的应用	2001 年度台州科技优秀论文三等奖	陈寿明
20	种子包衣和烯效唑调控油菜生长的研究	2001 年度浙江省自然科学优秀论文三等奖	林飞荣（第 3 作者）
21	单季杂交晚稻新组合的引进筛选及其栽培技术研究	2006 年度浙江省科学技术奖三等奖	林飞荣（第 2 完成人）
22	甬粳 2 号 A 及所配籼粳杂交晚稻新组合选育及产业化	2009 年度浙江省农业厅技术进步奖一等奖	贝道正（第 11 完成人）

路桥区

表 9-4 路桥区科技成果、奖励

编号	成果	奖项	获奖者
1	多熟制长期连种对粮食稳产和土壤肥力的影响	1986 年度浙江省优秀科技成果三等奖	贺春玲（参与者）
2	水稻平均适宜用量分层施肥技术	1997 年度浙江省科学技术进步奖三等奖	张家泉、李国敏
3	水稻平均适宜用量分层施肥技术	1998 年度浙江省农业科技进步奖三等奖	张家泉、李国敏
4	杂交晚稻协优 914 高产栽培技术研究	1999 年度浙江省农业科学技术进步奖三等奖	周昌宇（第 7 完成人）
5	多熟条件下稻田持续高产的土壤肥力演化机理研究	2000 年度浙江省科学技术进步奖三等奖	贺春玲（第 5 完成人）、彭建新（第 6 完成人）
6	水稻机械喷直播技术研究与推广	2001 年度浙江省农业科技进步奖三等奖	周昌宇、吴庆法、彭建新
7	温黄平原汕优 6 号栽培模式推广	1983—1984 年度台州地区科学技术进步奖二等奖	蒋邦华
8	双季杂交水稻亩产近三纲栽培技术	1987 年度台州地区农业科技进步奖三等奖	蒋邦华
9	杂交晚稻协优 914 高产栽培技术研究	1998 年度台州市科学技术进步奖三等奖	周昌宇（第 7 完成人）
10	十万亩早稻简易工厂化育秧技术推广	1996 年度农业部农业丰收奖二等奖	余仙法、陈春梅

编号	成果	奖项	获奖者
11	金清区万亩模式栽培亩产超一吨	1987年度浙江省农业丰收奖一等奖	蒋邦华
12	徐三村百亩连片模式方全年亩产超1350公斤	1988年度浙江省农业丰收奖三等奖	蒋邦华（第1完成人）
13	百亩粮菜连作模式方，粮超一吨钱超千元	1988年度浙江省农业丰收奖四等奖	蒋邦华（第3完成人）
14	十万亩晚稻高产模式栽培亩产超475公斤	1988年度浙江省农业丰收奖四等奖	蒋邦华（第5完成人）
15	千亩模式中心方联合攻关全年亩产超三纲	1988年度浙江省农业丰收奖四等奖	蒋邦华（第4完成人）
16	千亩模栽中心方，灾年亩产超三纲	1989年浙江省农业丰收奖三等奖	蒋邦华（第3完成人）
17	辐籼6号更换青秆黄大面积大幅度增产	1990年度浙江省农业丰收奖四等奖	蒋邦华（第4完成人）
18	金清镇1.76万亩粮田亩产超吨粮，钱过千元	1992年度浙江省农业丰收奖三等奖	蒋邦华（第2完成人）
19	五万亩河塘泥双膜旱育秧技术推广	1998年度浙江省农业丰收奖二等奖	周昌宇、郑再宇、狄祖生、苏　坚、吴庆法、郑方沛、张小连
20	优质早籼加948直播示范	1998年度台州市农业丰收奖三等奖	周昌宇、吴庆法、蔡永元、彭建新、李小友、唐卫国
21	7.7万亩优质早籼加948示范推广	1999年度台州市农业丰收奖三等奖	唐卫国、周昌宇、张小连、吴庆法、吴海萍、张总国、解从军
22	依靠科技进步 实现粮食新突破	1989年度黄岩市农业丰收奖二等奖	蒋邦华
23	油菜连片示范种植好、影响大、产量高	1990年度黄岩市农业丰收奖三等奖	蒋邦华
24	全区5.4万亩粮田亩产1090公斤	1991年度黄岩市农业丰收奖三等奖	蒋邦华（第1完成人）
25	1100亩连片"三高一稳"示范片，全年二熟亩产1025.3公斤	1991年度黄岩市农业丰收奖三等奖	蒋邦华（第1完成人）
26	千亩协优914亩产超千高产示范	1999年度路桥区农业丰收奖二等奖	张小连、陈招芬、罗华池、周昌宇、陈亨义、陈吉昌、王观庆、陈荷青、余继法、管康满

临海市

表9-5　临海市科技成果、奖励

编号	成果	奖项	获奖者
1	依靠科技、冲出低谷，实现全年粮食单产、总产超历史	1991年度台州市农业丰收奖一等奖	朱远骥、朱崇基、朱枝焕、竺松泉、林采舜等
2	万亩粮田丰收示范方建设	1995年度台州市农业丰收奖一等奖	朱远骥、朱崇基、朱枝焕、林采舜等
3	协优914开发及高产配套栽培技术推广	1997年度台州市农业丰收奖一等奖	林采舜、朱顺林、朱崇基、朱枝焕、王五一
4	浙江省优质早稻示范推广	1999年度农业部农业丰收奖一等奖	吴伟、孙利祥、管耀祖、项顺尧、林采舜等
5	杂交晚稻协优914选育及利用	2000年度浙江省科学技术进步奖三等奖	张增勤、刘守平、陈业坚、朱顺林、何方印、林采舜等
6	杂交晚稻协优914选育及利用	2000年度台州市科学技术进步奖一等奖	张增勤、刘守平、陈业坚、朱顺林、何方印、林采舜等
7	杂交晚稻协优5968选育及应用	2006年度台州市农业丰收奖一等奖	张增勤、刘守平、林采舜、陈业坚、何方印、王五一等
8	单季杂交晚稻新组合的引进筛选及栽培技术研究	2006年度浙江省科学技术进步奖三等奖	刘伟明、林飞荣、徐坚、柯登寿、林采舜等
9	籼粳亚种间杂交水稻作单季晚稻栽培的配套技术研究集成与应用	2008年度台州市科学技术进步奖三等奖	刘伟明、赵益福、包祖达、林采舜、林海忠
10	优质杂交水稻丰优54选育及应用	2012年度浙江省科学技术进步奖三等奖	张增勤、林采舜、刘守平、何方印、陈业坚、王五一等
11	优质杂交水稻丰优54选育及应用	2014年度台州市科学技术进步奖二等奖	张增勤、林采舜、刘守平、何方印、陈业坚、王五一等
12	浙东早稻-西蓝花水旱轮作模式技术研究与推广应用	2015年度浙江省农业丰收奖一等奖	曾孝元、杨祥田、林采舜、赵益福等

温岭市

2007年1月，浙江省农业厅授予王新斌"2006年度浙江省农作物新品种推广工作先进个人"荣誉称号。2007年12月，中共浙江省纪委、省监察厅、省政府纠风办联合授予王新斌"浙江省基层站所行风建设先进个人"荣誉称号。2008年8月，浙江省人民政府授予王新斌"2007年度浙江省农业科技成果转化推广奖"荣誉称号。2009 年 8 月，台州市科协授予王新斌"台州市第三届优秀科技工作者"荣誉称号。

表 9-6　温岭市科技成果、奖励

编号	成果	奖项	获奖者
1	籼粳杂交水稻甬优 6 号超高产栽培集成技术研究与推广	2006 年度浙江省农业丰收奖一等奖	王新斌(第 2 完成人),林友根(第 6 完成人)
2	不同前作水稻田测土配方施肥技术应用研究	2009 年度台州市第十二届自然科学优秀论文三等奖	林友根
3	万亩温联果蔗优质高产高效栽培技术应用与推广	2001 年度温岭市农业丰收奖一等奖	林友根,主要完成人
4	甬优 9 号优质高产栽培集成技术研究与推广	2013 年度浙江省农业丰收奖三等奖	林友根(第 3 完成人)
5	利用生物多样性修复土壤重金属污染的技术与农产品安全	2014 年度台州市科学技术进步奖二等奖	林友根(第 5 完成人)
6	甬优 9 号优质高产栽培集成技术研究与推广	2014 年台州市科学技术进步奖三等奖	林友根(第 3 完成人)
7	西瓜早佳 84-24 的开发利用研究	2000 年度台州市星火奖二等奖	王新斌(第 2 完成人)
8	西瓜早佳 84-24 的开发利用研究	1999—2000 年度温岭市科学技术进步奖一等奖	王新斌(第 2 完成人)
9	玉麟西瓜综合标准研究与推广	2001 年度浙江省农业丰收奖二等奖	王新斌(第 11 完成人)
10	杂交水稻 E26 超高产攻关及示范	2003 年度温岭市农业丰收奖特别奖	王新斌(第 5 完成人)
11	超级稻协优 9308 的选育、超高产生理基础研究及生产集成技术的推广	2004 年度浙江省科学技术进步奖一等奖	王新斌为主要参加完成者之一
12	超级稻 E26 试种初报	2004—2005 年度温岭市自然科学优秀论文三等奖	王新斌为第 2 作者
13	甬粳 2 号 A 及所配籼粳杂交晚稻新组合选育及产业化	2010 年度浙江省科学技术奖一等奖	王新斌(第 7 完成人)
14	优质早熟京欣西瓜与砧木系列新品种的选育和推广	2008—2010 年度全国农牧渔业丰收奖农业技术推广成果奖一等奖	王新斌(第 17 完成人)

玉环县

表 9-7 玉环县科技成果、奖励

编号	成果	奖项	获奖者
1	七优 2 号丰产栽培	1998 年度玉环县人民政府粮食丰收奖二等奖	黄日贵（第 2 完成人）
2	早晚稻配方施肥技术研究及推广	1989 年度玉环县科技成果三等奖	张曙辉、林士松、张银水、黄日贵
3	杂交晚稻协优 914 示范推广研究	1999 年度玉环县科技进步奖三等奖	黄日贵（第 1 完成人）
4	二千亩协优 914 大灾之年夺丰收	1998 年度玉环县人民政府粮食丰收奖二等奖	黄日贵（第 3 完成人）
5	海岛土壤资源调查	1992—1993 年度玉环县科技进步奖三等奖	黄日贵（第 4 完成人）
6	水稻配方施肥的示范推广	1989 年度台州地区农业丰收奖四等奖	黄日贵（第 3 完成人）
7	玉环县 3 万亩汕优 63 丰产栽培	1989 年度台州地区农业丰收奖三等奖	黄日贵（第 3 完成人）
8	玉环县早籼浙 733 高产示范推广	1990—1991 年度台州地区农业技术改进奖二等奖	黄日贵（第 5 完成人）
9	玉环县早籼浙 733 高产示范推广研究	1989—1991 年度玉环县科技进步奖一等奖	黄日贵（第 5 完成人）
10	薯地套种春玉米示范方亩产超 350 公斤	1991 年度玉环县人民政府粮食丰收奖三等奖	余乃鑫、郑祥銮、许道水、薛灵辉、黄日贵
11	推广综合防治新技术抵御重灾晚稻夺丰收	1990 年度玉环县粮食丰收奖一等奖	黄日贵、李治义、薛灵辉、余乃鑫、肖春泰、林仁碧、陈美土、王兴妹、陈绪兰
12	推广稻草还田增产培肥明显	1989 年度玉环县粮食丰收奖三等奖	林地宗、黄日贵、余乃鑫、郑香鑫
13	早稻单产超 600 公斤攻关田	1989 年度玉环县粮食丰收奖三等奖	黄日贵、肖春泰、江迪品
14	玉环县 3 万亩连晚汕优 63 丰收栽培	1989 年度玉环县粮食丰收奖二等奖	蔡行明、张银水、黄日贵、高建春、何连高、李兴良、黄开敖
15	水稻配方施肥的示范推广	1989 年度玉环县粮食丰收奖二等奖	陈绪亮、张银水、黄日贵、许亦周、黄开敖、徐芬菲、赵章定
16	甬优 9 号优质高产栽培集成技术研究与推广	2012 年度浙江省农业丰收奖三等奖	黄日贵（第 13 完成人）

编号	成果	奖项	获奖者
17	马铃薯轻型栽培技术研究与示范	2004年度玉环县农业丰收奖三等奖	黄日贵（第2完成人）
18	二万亩两优培九单产超千斤	2002年度玉环县农业丰收奖二等奖	黄日贵（第2完成人）
19	水稻主要病虫害无害化治理技术研究与推广	2003年度玉环县农业丰收奖一等奖	黄日贵（第10完成人）
20	番茄新品种试验示范	2003年度玉环县农业丰收奖三等奖	黄日贵（第2完成人）
21	山地西瓜良种良法配套技术推广应用	2004年度玉环县农业丰收奖三等奖	黄日贵（第2完成人）
22	单季杂交水稻晚稻新组合的引进筛选及其栽培技术研究	2006年度浙江省科学技术进步奖三等奖	黄日贵（第9完成人）

天台县

表9-8　天台县科技成果、奖励

编号	成果	奖项	获奖者
1	扬麦5号推广应用	1987年度台州地区农业技术改进奖四等奖	王少华
2	推广早籼"二九丰"灾年夺丰收	1987年度浙江省农业丰收奖四等奖	王少华
3	20万亩两优培九高产配套技术	2005年度浙江省农业丰收奖三等奖	周祖昌、曹雪仙、陈人慧
4	"优质甜玉米超甜4号、浙甜6号的选育与推广	2012年度金华市科学技术进步奖二等奖	曹雪仙（第7完成人）
5	甬优9号优质高产栽培集成技术研究与推广	2014年度台州市科学技术进步奖三等奖	陈人慧（第5完成人）
6	甬优系列籼粳杂交晚稻品种优势利用研究与推广	2014—2016年度全国农牧渔业丰收奖成果奖一等奖	陈人慧（第10完成人）
7	甬优9号优质高产栽培集成技术研究与推广	2014年度台州市科学技术进步奖三等奖	陈人慧（第5完成人）

仙居县

表 9-9　仙居县科技成果、奖励

编号	成果	奖项	主要获奖者
1	三万亩春玉米增产计划	1992 年度台州地区农业丰收奖二等奖	林直华、王福东、吕建文、朱贵平
2	生物种衣剂应用技术研究及推广	1997 年度台州市农业丰收奖一等奖	施探薇、朱水星、朱再荣、丁坦连、郭金明
3	生物种衣剂应用技术研究及推广	1998 年度浙江省科学技术进步奖三等奖	施探薇、朱水星、朱再荣、丁坦连、郭金明
4	十万亩优质早籼示范推广	1998 年度台州市农业丰收奖三等奖	徐坚、朱贵平
5	旱粮高产高效新品种示范推广	1999 年度台州市农业丰收奖三等奖	施探薇、朱水星、徐坚、朱贵平
6	仙居县种子产业化技术研究与应用	2001 年度台州市科学技术进步奖三等奖	施探薇、朱水星、朱贵平、徐坚、朱再荣
7	种子产业化技术研究与应用	2001 年度浙江省农业丰收奖三等奖	施探薇、朱水星、朱贵平、徐坚、朱再荣
8	影响协优 914 制种的气象因素初探	2000—2001 年度台州市第九届自然科学优秀论文三等奖	朱贵平、朱寿燕、王福东
9	水稻强化栽培体系推广	2007 年度台州市科学技术进步奖三等奖	吴增琪、俞爱英、朱贵平、陈冬连、张惠琴
10	仙居县油菜免耕直播技术推广与观光农业开发	2008 年度浙江省农业丰收奖一等奖	吴增琪、朱贵平、张惠琴、王仁华、曾孝元
11	超级稻集成栽培技术研究与示范推广	2009 年度台州市科学技术进步奖三等奖	吴增琪、朱贵平、张惠琴、周奶弟、沈建新
12	绿色稻米标准化生产技术研究与推广	2009 年度浙江省农业丰收奖一等奖	朱贵平、吴增琪、张惠琴、周奶弟、沈建新
13	超级稻两优 0293 在浙江仙居示范表现及高产栽培技术	2006—2007 年度台州市第十二届自然科学优秀论文三等奖	朱贵平、吴增琪、万宜珍
14	籼粳亚种间杂交水稻春优 58 作连晚栽培高产技术探讨	2006—2007 年度台州市第十二届自然科学优秀论文三等奖	吴增琪、朱贵平、吴明国
15	水稻强化栽培技术研究与应用	2008—2010 年度全国农牧渔业丰收奖一等奖	朱贵平（第 18 完成人）
16	"三位一体"农业公共服务体系模式构建与应用	2010 年度浙江省农业丰收奖二等奖	朱水星、吴玉勇、吴增琪、郑方勇、朱贵平

编号	成果	奖项	主要获奖者
17	精准生产设计与决策支持系统在中浙优1号生产上的应用	2010年度台州市第十三届自然科学优秀论文三等奖	吴增琪、林贤青、朱贵平
18	浙江省油菜测土施肥指标体系及高效施肥关键技术研究	2012年度浙江省农业科学院科技成果奖二等奖	朱贵平（第6完成人）
19	优质杂交水稻新组合丰优54的选育及应用	2012年度台州市科技进步奖二等奖	朱贵平（第8完成人）
20	优质杂交水稻新组合丰优54的选育及应用	2012年度浙江省科学技术奖三等奖	朱贵平（第8完成人）
21	"中药材—单季稻"轮作栽培模式示范推广	2014年度浙江省农业丰收奖三等奖	周奶弟、朱贵平、应卫军、张惠琴、朱再荣
22	甬优12号氮肥运筹技术研究	2015年度台州市第二届自然科学学术奖三等奖	周奶弟、朱贵平、吴增琪
23	紫云英和油菜不同时期翻压对土壤培肥效果的影响	2015年度台州市第二届自然科学学术奖三等奖	朱贵平、张惠琴、吴增琪

三门县

2015年12月，浙江省人力资源和社保厅、省农业厅联合授予吴其褒"浙江省农业系统先进个人"称号。

表9-10　三门县科技成果、奖励

编号	成果	奖项	获奖者
1	协优64引种试验推广	1988—1989年度台州地区农业技术改进奖四等奖	柯登寿（第4完成人）
2	杂交水稻春季制种高产技术和迟栽高产晚稻品种筛选研究	1991—1992年度三门县科技进步奖三等奖	柯登寿（第1完成人）
3	杂交水稻汕优10号高产制种技术研究	1994年度台州地区科技进步奖二等奖	柯登寿（第4完成人）
4	多效唑在杂交水稻制种上应用	1995年度台州市自然科学优秀论文二等奖	张天隽、柯登寿
5	单季杂交晚稻新组合的引进筛选及其栽培技术研究	2005年度台州市科学技术进步奖三等奖	柯登寿（第4完成人）
6	单季杂交晚稻新组合的引进筛选及其栽培技术研究	2006年度浙江省科学技术进步奖三等奖	柯登寿（第4完成人）
7	单季杂交晚稻新组合两优培九及其栽培技术推广	2006年度浙江省高校科研成果二等奖	柯登寿（第4完成人）

续表

编号	成果	奖项	获奖者
8	杂交水稻协优 5968 选育及应用	2006 年度台州市科学技术进步奖一等奖	柯登寿（第 7 完成人）
9	中浙优 1 号在三门县的种植表现及其高产栽培技术	2006 年度台州市第十一届自然科学优秀论文三等奖	吴其褒、杨巍、孔亚芳
10	优质香型不育系中浙 A 及超级稻中浙优 1 号的选育与产业化	2008 年度浙江省科学技术奖一等奖	吴其褒（第 9 完成人）
11	籼粳亚种间杂交水稻作单季晚稻栽培的配套技术研究集成与应用	2008 年度台州市科学技术进步奖三等奖	吴其褒（第 7 完成人）
12	鲜食糯玉米新品种"科糯 986""科糯 991"的选育和推广	2009 年度浙江省科学技术进步奖三等奖	吴其褒（第 6 完成人）
13	中浙优 1 号作单季晚稻栽培的配套技术研究与示范推广	2009 年度台州市科学技术进步奖三等奖	吴其褒（第 2 完成人）
14	甘薯优异种质创新及应用	2013 年度浙江省科学技术进步奖一等奖	吴其褒（第 9 完成人）
15	甘薯品种改良创新及专用新品种应用	2015 年度台州市科学技术进步奖三等奖	吴其褒（第 4 完成人）
16	优质杂交水稻新组合丰优 54 的选育及应用	2012 年度浙江省科学技术进步奖三等奖	吴其褒（第 7 完成人）
17	水稻耐盐基因高效筛及转基因材料创制	2013 年度杭州市科学技术进步奖二等奖	吴其褒（第 9 完成人）

二、论文、著作

台州广大种业科技工作者坚持实践第一的观点，从实践→理论→再指导实践的原则出发，在工作中"有所发现、有所发明、有所创造"，将实践得到的感性认识提高到理性认识，积极总结科技新成果、新发现，探索台州种业发展新思路，撰写出各种科技论文、科普文章、著述 190 多篇，在全国及省市级以上出版单位和刊物发表，现进行汇总（详见表 9-11 至表 9-20）。

台州市本级

表 9-11　台州市本级论文、著作

编号	题目	刊物（出版社），期号	作者
1	Association of polyamines in governing the chilling sensitivity of maize genotypes.	《Plant Growth Regulation》2009 年 57 卷第 1 期	张胜（第 3 作者）

编号	题目	刊物（出版社），期号	作者
2	台州西瓜育苗产业的现状与对策措施	《浙江农业科学》2010年第6期	张胜、林太赟、王新斌、郑智明、吴其褒、黄日贵
3	甬优9号在台州地区作单季晚稻栽培的特征特性及高产栽培技术	《农业科技通讯》2010年第6期	张胜、林太赟
4	籼粳杂交水稻甬优9号高产高效技术途径分析	《中国稻米》2011年17卷第3期	张胜、林太赟
5	杂交水稻 甬优6号高产高效技术途径分析	《中国农学通报》2011年27卷第7期	张胜、林太赟
6	Correlation, regression and path analysis between yield traits and yield of Yongyou No.9	《Agriculture science & technology》2011年12卷第4期	张胜、林太赟
7	台州莳药产业现状及发展对策	《农业科技通讯》2012年第2期	张胜、林太赟
8	Genetic investigation of contribution of embryo genes to seedling traits of dicotyledon *Luffa cylindrica* under different environmental conditions	《Agriculture science & technology》2012年13卷第2期	张胜、林太赟
9	High-yielding cultivation technique of Yongyou no. 12	《Agriculture science & technology》2013年14卷第5期	张胜、林太赟
10	超级稻甬优12高产高效技术途径分析	《中国稻米》2013年19卷第6期	张胜（第3作者）
11	Approach to the ways for high-yielding technique of Zhongzheyou no.8	《Agriculture science & technology》2014年15卷第5期	张胜、林太赟
12	浙油50在台州地区的种植表现及高产栽培技术	《现代农业科技》2014年第24期	林太赟、朱贵平、张胜
13	单季晚稻秀水134高产高效技术途径分析	《浙江农业科学》2015年56卷第5期	林太赟、张胜

椒江区

表9-12 椒江区论文、著作

编号	题目	刊物（出版社），期号	作者
1	优质啤酒大麦良种浙农大3号在我市特征特性及其高产栽培技术研究	《种子世界》1993年第6期	包祖达

续表

编号	题目	刊物（出版社），期号	作者
2	两优培九在椒江种植的特征特性及高产栽培技术探讨	《中国稻米》2004 年第 2 期	包祖达
3	椒江区鲜食大豆产业发展现状及可持续发展对策	《种子世界》2004 年第 5 期	包祖达
4	超级杂交水稻甬优 6 号在台州椒江区种植表现及高产栽培技术	《杂交水稻》2007 年第 4 期	包祖达、丁杨东
5	超级杂交水稻中浙优 1 号高产栽培技术	《种子世界》2007 年第 7 期	包祖达、丁杨东
6	鲜食大豆新品种辽鲜 1 号的高产栽培技术	《种子》2010 年第 5 期	包祖达、丁杨东
7	超级杂交水稻甬优 12 主要栽培技术研究	《农业与技术》2012 年第 5 期	包祖达、丁杨东、戴夏萍
8	台州市椒江区种粮大户现状与发展对策探讨	《江苏农业科学》2012 年第 10 期	包祖达、丁杨东、戴夏萍
9	Major Grain Growers in Jiaojiang District, Taizhou City	《Asian Agricultural Research》2013 年第 6 期	包祖达
10	单季稻甬优 17 密肥因子数学模型及其优化探讨	《浙江农业科学》2013 年第 4 期	包祖达、丁杨东、戴夏萍
11	连晚新组合不同播种期试验初报	《农业与技术》2013 年第 9 期	包祖达、丁杨东、戴夏萍
12	籼粳杂交水稻甬优 17 在台州市椒江区种植的特征特性及高产栽培技术	《现代农业科技》2014 年第 6 期	包祖达、丁杨东、戴夏萍
13	移栽密度、播种期对水稻甬优 6 号产量的影响	《浙江农业科学》2007 年（增刊）	包祖达、丁杨东、
14	超级稻甬优 12 号移栽密度与氮肥用量试验初报	《农业科技通讯》2012 年第 4 期	戴笑、包祖达、丁杨东
15	菜用大豆辽鲜 1 号栽培技术的优化试验	《浙江农业科学》2009 年第 3 期	丁杨东、包祖达
16	杂交水稻新组合作连晚机插适应性对比试验	《农业与技术》2014 第 4 期	戴夏萍、包祖达、丁杨东

黄岩区

表 9-13　黄岩区论文、著作

编号	题目	刊物（出版社），期号	作者
1	早籼优质米品种丰产性和稳产性分析	《种子》1994 年第 6 期	陶秀明、陶渠民、郎献华

编号	题目	刊物（出版社），期号	作者
2	作物涝渍生理及其化控研究进展	《生命科学探索与进展》下册，1998 年 8 月	林飞荣（第 2 作者）
3	种子包衣和烯效唑调控油菜生长的研究	《浙江农业大学学报》1999 年 25 卷第 3 期	林飞荣（第 3 作者）
4	协优 914 配套高产栽培技术	《中国种业》2000 年第 4 期	林飞荣（第 1 作者）
5	早稻育秧壮秧剂不同用量效果初探	《耕作与栽培》2001 年第 1 期	林飞荣（第 1 作者）
6	浙东发达农区种植结构调整与发展效益农业初探	《浙江农业科学》2001 年第 4 期	林飞荣（第 3 作者）
7	单季晚稻"两优培九"栽培技术研究	《今日科技》2004 年第 7 期	林飞荣（第 2 作者）
8	种子市场存在的问题及管理对策	《台州农业》2005 年第 1 期	姜文丽、张敏荣
9	提高机插水稻产量的途径和措施	《浙江农村机电》2008 年第 4 期	贝道正（第 2 作者）
10	"的确灵"不同浓度及浸种时间对杂交粳稻甬优 6 号种子发芽率的影响	《农业科技通讯》2009 年第 7 期	贝道正
11	以色列番茄新品种引种筛选试验	《农业科技通讯》2009 年第 5 期	贝道正
12	越冬大棚番茄的特征特性及安全高效栽培技术	《世界农业》2009 年第 3 期	贝道正
13	马铃薯 – 西瓜 + 蒔药萝卜	《台州效益农业 100 例》2009 年 9 月	林飞荣（第 1 作者）
14	春马铃薯 / 西瓜 – 秋马铃薯栽培技术	《台州效益农业 100 例》2009 年 9 月	林飞荣（第 2 作者）
15	大棚黄瓜 – 小青菜 – 晚稻	《台州效益农业 100 例》2009 年 9 月	林飞荣（第 1 作者）
16	黄岩西瓜产业的现状、存在问题及发展对策	《农业科技通讯》2010 年第 5 期	贝道正
17	超级杂交水稻甬优 12 生态适应性试验	《台州农业》2011 年第 2 期	陶永刚、徐加湖、林飞荣、贝道正、章秋波
18	杂交水稻甬优 12 作单季晚稻种植的主要农艺措施数学模型及其优化	《中国稻米》2013 年第 5 期	林飞荣、刘伟明、林和顺、陶永刚、贝道正、章秋波、徐加湖、孙标
19	杂交水稻甬优 12 产量与主要经济性状的关系分析	《浙江农业科学》2013 年第 7 期	陶永刚、林飞荣、林海忠、徐加湖、贺伯君、贝道正、章秋波

续表

编号	题目	刊物（出版社），期号	作者
20	杂交水稻甬优 12 的播期试验	《浙江农业科学》2014年第 3 期	徐加湖、陶永刚、叶峰、孙标、林飞荣、林海忠、章秋波、贺伯君

路桥区

表 9-14　路桥区论文、著作

编号	题目	刊物（出版社），期号	作者
1	稻田长期连种三熟粮食作物持续增产若干机理探讨	《浙江农业学报》1996 年第 6 期	贺春玲（第 5 作者）
2	稻田 25 年定位连种麦-稻-稻三熟制研究	《科技通报》2001 年第 2 期	贺春玲
3	浙江省东南部杂交晚稻气候生产潜力分析	《农业系统科学与综合研究》1998 年第 4 期	彭建新
4	杂交水稻协优 46 耐盐能力的初步研究	《植物营养与肥料学报》1999 年第 2 期	彭建新（第 2 作者）
5	我区农作物品种现状与发展对策	《种子世界》2003 年第 8 期	陶秀明

临海市

表 9-15　临海市论文、著作

编号	题目	刊物（出版社），期号	作者
1	影响杂交水稻春制种子发芽率的因素	《杂交水稻》1998 年第 4 期	朱顺林、彭云芳
2	浅议种子质量监督检验体系	《种子》1997 年第 4 期	彭云芳、林采舜、孙羽
3	海绵作发芽床衬垫物的研究探讨	《种子》1994 年第 3 期	彭云芳
4	杂交水稻恢复系 t914 生育特性研究	《种子世界》1998 年第 10 期	林采舜、朱顺林
5	水稻品种（组合）对黑条矮缩病的抗性表现	《杂交水稻》1999 年第 S1 期	林凌伟、汪恩国、关梅萍、罗桂楼、董国堃
6	药剂浸种对丰优 54 杂交籼稻种子发芽过程的影响	《种子世界》2014 年第 1 期	汤学军、林采舜、汪恩国、王五一
7	杂交水稻中优 1176 特征特性及高产栽培技术	《现代农业科技》2009 年第 2 期	王五一、林采舜、毛一剑、李春生 张小惠

编号	题目	刊物（出版社），期号	作者
8	杂交水稻丰优 54 的表现及栽培要点	《浙江农业科学》2009 年第 2 期	王五一、林采舜
9	食荚豌豆品种比较试验	《上海蔬菜》2007 年第 4 期	汤学军、林采顺、王五一
10	不同类型复合肥对绿雄 90 西蓝花花球生长动态及产量影响	《浙江农业科学》2016 年第 2 期	蔡建军、汪恩国
11	施用生石灰对连作晚稻甬优 9 号产量及土壤理化性状的影响	《浙江农业科学》2015 年第 7 期	蔡建军、汪恩国、林采舜、叶斌斌、何杰、许剑锋
12	甬优 12 施肥量与产量关系模型及超高产栽培施肥技术研究	《农学学报》2015 年第 5 期	蔡建军、汪恩国、林采舜、何杰
13	单季稻甬优 9 号氮磷钾施肥的效应	《浙江农业科学》2015 年第 4 期	蔡建军、汪恩国、蔡彩萍、林采舜、何杰
14	单季晚稻甬优 12 超高产栽培施肥量与产量的关系	《中国稻米》2015 年第 5 期	蔡建军、汪恩国、林采舜、何杰
15	"甬优 538" 应用土壤调理剂的增产效应	《农业科技通讯》2015 年第 9 期	蔡建军、汪恩国、叶斌斌、何杰、许剑锋
16	西蓝花品种比较试验	《长江蔬菜》2010 年第 22 期	林俊、刘伟明、汪恩国
17	水稻品种(组合)对黑条矮缩病的抗性表现	《杂交水稻》1999 年第 S1 期	林凌伟、汪恩国、关梅萍、罗桂楼、董国堃
18	杂交水稻甬优 9 号 "3414" 肥效试验初报	《内蒙古农业科技》2011 年第 3 期	谢良清、叶斌斌、林采舜、蔡建军
19	种子软质量浅论	《种子科技》2000 年第 4 期	林采舜
20	抽穗扬花期连阴雨对杂交水稻制种的影响及对策	《种子世界》1999 年第 6 期	林采舜
21	种业软科学浅谈	《种子科技》1998 年第 6 期	林采舜

温岭市

表 9-16　温岭市论文、著作

编号	题目	刊物（出版社），期号	作者
1	杂交晚稻新组合甬优 9 号在浙江温岭的种植表现与高产栽培技术	《杂交水稻》2008 年第 5 期	林友根、王新斌

续表

编号	题目	刊物（出版社），期号	作者
2	不同前作水稻田测土配方施肥技术应用研究	《中国农技推广》2006年第2期	林友根
3	超级杂交水稻——甬优6号	《中国农技推广》2005年第2期	林友根
4	不同氮肥用量对甬优6号单季栽培产量的影响	《江苏农业科学》2005年增刊	林友根
5	浙江省温岭市大棚嫁接西瓜工厂化育苗现状与对策探讨	《现代农业科技》2008年第8期	林友根
6	温岭大棚西瓜嫁接高效栽培技术	《中国果菜》2010年第3期	莫云彬、王新斌
7	晚粳稻浙优12号在温岭的试种表现及免耕直播栽培要点	《浙江农业科学》2010年第2期	王新斌
8	农民专业合作社是新时期农技推广的重要载体	《中国农技推广》2008年第9期	王新斌
9	杂交水稻甬优6号在温岭的种植表现及配套技术	《浙江农业科学》2008年第2期	王新斌
10	温岭大头菜——马龙种	《上海蔬菜》2003年第4期	项顺尧、王新斌
11	马铃薯板田稻草覆盖栽培技术初探	《浙江农业科学》2002年第2期	项顺尧、王新斌
12	晚粳稻甬优1号试种表现及栽培要点	《浙江农业》2001年第6期	王新斌
13	温岭市救灾用晚粳稻品种播期试验	《现代农业科技》2012年第9期	鲍正国
14	温岭市大棚西瓜嫁接育苗技术	《现代农业科技》2012年第8期	鲍正国
15	温岭种黄花苜蓿的特征特性及种子生产技术	《现代农业科技》2011年第5期	鲍正国
16	杂交水稻甬优12的特征特性及机插栽培技术	《现代农业科技》2011年第5期	朱伟君
17	播种密度和氮、磷、钾肥用量对紫罗兰块茎产量的影响	《中国农学通报》2010年第8期	莫云彬
18	樱桃番茄有机基质盆钵栽培技术	《浙江农业科学》2010年第6期	莫云彬
19	丝瓜育种过程中抗病性评价指标的初步探讨	《中国农村小康科技》2010年第5期	莫云彬
20	樱桃番茄有机生态型无土栽培品种比较试验	《现代农业科技》2008年第12期	莫云彬
21	双季大棚西瓜栽培技术	《中国西瓜甜瓜》2003年第5期	项顺尧
22	中薯3号特征特性及春季高产栽培技术	《现代农业科技》2010年第1期	朱伟君

玉环县

表 9-17　玉环县论文、著作

编号	题目	刊物（出版社），期号	作者
1	大棚越冬番茄轮作甜玉米栽培技术初探	《农民致富之友》2016年第2期（下半月）	沈文英、黄日贵、袁斌、王珍彩、
2	甜玉米金玉甜1号大区对比及春秋两季丰产性栽培初报	《上海蔬菜》2015年第5期	龚芬、黄日贵、袁斌、王珍
3	玉环市第三次全国农作物种质资源普查与应用	中国农业科学技术出版社，2019年	屠昌鹏（主编），沈文英（副主编）
4	浅谈玉环市农作物秸秆资源利用现状、问题与对策	《上海农业科技》2018年第5期	袁斌、屠昌鹏
5	浙江省玉环市第三次全国农作物种质资源普查主要做法及成效	《中国种业》2019年第6期	屠昌鹏
6	嘉优中科3号稻优质高产栽培技术	《浙江农业科学》2018年增刊	屠昌鹏、袁斌
7	玉环耕地力	中国农业科学技术出版社，2016年	沈文英、张盈盈、黄日贵、屠昌鹏
8	高产优质杂交水稻"中浙优1号"特征特性及栽培技术	《上海农业科技》2006年第3期	屠昌鹏、黄日贵、吴宝巨、余乃鑫
9	早籼新品种"温12"的试种表现和栽培	《上海农业科技》2004年第3期	黄日贵、张文渊、屠昌鹏
10	稻田免耕、稻草全程覆盖马铃薯轻型栽培技术	《上海农业科技》2004年第4期	黄日贵、林第纵、屠昌鹏、张文渊、蔡庆和
11	甘薯新品种"浙薯13"及其主要栽培技术	《上海农业科技》2006年第3期	屠昌鹏、黄日贵、余乃鑫、吴宝巨
12	"甬优1号"种性表现和栽培技术	《上海农业科技》2002年第6期	黄日贵、李兴良
13	玉环盘菜栽培技术	《上海农业科技》2002年第6期	黄日贵、李兴良

天台县

表 9-18　天台县论文、著作

编号	题目	刊物（出版社），期号	作者
1	水稻扬两优6号不同生育期氮肥施用比例试验	《浙江农业科学》2008年第3期	曹雪仙
2	高山辣椒栽培技术	《现代园艺》2009年第10期	曹雪仙

续表

编号	题目	刊物（出版社），期号	作者
3	浙江省早稻品比试验	《种子世界》2008年第2期	曹雪仙
4	天台县小麦品种比较试验	《种子世界》2010年第2期	曹雪仙、陈人慧
5	浅谈种子备案制度在县级种子管理中的重要性	《种子科技》2010年第6期	曹雪仙、陈人慧
6	甬优13在天台的示范表现及高产栽培技术	《浙江农业科学》2010年增刊	曹雪仙、陈人慧
7	天台县粮食生产扶持政策执行过程中存在问题及建议	《江苏农业科学》2010年增刊	曹雪仙
8	天台县2010年优质单季稻大区对比试验	《种子世界》2011年第2期	曹雪仙、陈人慧
9	甬优12在天台的示范种植表现及高产栽培技术	《安徽农学通报》2011年第8期	曹雪仙
10	甬优12高产栽培技术	《种子科技》2011年第4期	曹雪仙、陈人慧
11	瓜菜种子简易发芽方法	《种子科技》2011年第6期	曹雪仙
12	蔬菜种子用热毛巾催芽效果好	《现代园艺》2011年第8期	曹雪仙
13	杂交晚稻国稻7号在天台的试种表现及高产栽培技术	《浙江农业科学》2011年第3期	陈人慧、曹雪仙
14	天台县高产优质小麦新品种对比试验初报	《种子世界》2012年第5期	陈人慧、曹雪仙
15	浙江省2012年水稻生产应用集中展示试验初报	《大麦与谷类科学》2014年第2期	曹雪仙

仙居县

表9-19　仙居县论文、著作

编号	题目	刊物（出版社），期号	作者
1	如何搞好经营与服务	《种子世界》1993年第2期	施探薇
2	推进种子产业化的思考	《种子世界》1996年第6期	施探薇
3	将杂交水稻制种基地转移到山区单季稻区	《杂交水稻》1996年第6期	朱贵平
4	山区杂交水稻制种效益高	《台州效益农业100例》，中国农业出版社，2000年9月	朱贵平
5	对种子包衣、烘干与自动计量包装机的评价	《生物种衣剂的研究与应用》，中国农业出版社，2001年3月	朱贵平、徐坚

编号	题目	刊物（出版社），期号	作者
6	ZSB 生物种衣剂在优质早籼上应用初报	《生物种衣剂的研究与应用》,中国农业出版社,2001 年 3 月	徐坚、朱贵平
7	推广应用生物种衣剂的效果与体会	《生物种衣剂的研究与应用》,中国农业出版社,2001 年 3 月	施探薇、朱贵平、朱再荣
8	新形势下的挑战与出路	《种子世界》2001 年第 4 期	施探薇
9	影响协优 914 制种的气象因素初探	《种子》2001 年第 2 期	朱贵平、朱寿燕、王福东
10	水稻应用生物种衣剂配套应用技术研究	《种子世界》2001 年第 6 期	施探薇、朱水星
11	山区杂交水稻制种母本直播技术的应用	《种子科技》2001 年第 3 期	朱贵平
12	山区协优 914 制种高产技术	《杂交水稻》2001 年第 4 期	朱贵平
13	协优 7954 的特征特性及栽培技术	《种子科技》2001 年第 6 期	朱贵平
14	不国类型种衣剂在杂交晚稻旱育秧栽培中的应用效果	《中国稻米》2002 年第 1 期	朱水星、朱再荣
15	Ⅱ优 162 在仙居县的表现及栽培要点	《中国种业》2002 年第 3 期	朱贵平、朱再荣、应云仙
16	关于如何加强主要农作物品种区试工作的探讨	《中国种业》2002 年第 4 期	朱贵平、曾爱娟
17	"神仙居"花生开发前景及无公害栽培	《中国种业》2002 年第 7 期	朱贵平、张美兰、朱再荣、胡琴南
18	杂交连作晚稻缺秧采用杂交早稻补播技术浅述	《种子世界》2002 年第 12 期	朱贵平、吴增祺
19	山区无公害稻米生产技术	《种子世界》2003 年第 7 期	张惠琴、朱贵平、俞爱英、沈建新、杨祥田、董国堃
20	Ⅱ优 3027 不同播栽期对产量的影响分析	《种子世界》2003 年第 10 期	俞爱英、王福东、朱贵平、朱寿燕、季中华
21	小拱棚西瓜直播栽培与病虫综合防治技术	《江苏农业科学》2003 年增刊	项加青、张惠琴、朱贵平、俞爱英、陈冬莲、吴增祺
22	小麦栽培	中国农业科学技术出版社，2007 年 4 月	吴增琪、朱贵平
23	油菜栽培	中国农业科学技术出版社，2007 年 4 月	朱贵平、吴增琪

续表

编号	题目	刊物（出版社），期号	作者
24	水稻强化栽培体系不同秧龄移栽对产量的影响	《杂交水稻》2004年第2期	俞爱英、朱贵平、陈冬莲、沈益民、周泽华、应云仙
25	水稻强化栽培体系适宜移栽密度探讨	《杂交水稻》2004年第3期	朱贵平、俞爱英、张培艳、周泽华、应云仙、陈冬莲
26	仙居县水稻强化栽培技术（SRI）试验示范结果初报	《中国稻米》2004年第5期	俞爱英、吴增祺、朱贵平、陈冬莲、张惠琴、应云仙、沈益民
27	不同氮化肥用量在SRI技术中的增产效应初探	《耕作与栽培》2005年第2期	吴增祺、朱贵平、俞爱英、陈冬莲、沈益民、周奶弟
28	水稻强化栽培体系（SRI）优化配套技术探讨	《中国农学通报》2005年第7期	俞爱英、吴增祺、林贤青、朱贵平、周奶弟、陈冬莲、沈益民
29	杂交玉米新组合筛选	《现代农业科技》2006年总第443期	徐坚、姚建辉、张小来
30	不同灌溉方式对水稻分蘖成穗规律及产量影响研究	《灌溉排水学报》2007年第1期	俞爱英、林贤青、曾孝元、吴增祺、朱贵平
31	超级稻两优0293在浙江仙居示范表现及高产栽培技术	《杂交水稻》2007年第5期	朱贵平、吴增祺、万宜珍、张惠琴、俞爱英、胡琴南、丁坦连
32	籼粳亚种间杂交水稻春优58作连晚栽培高产技术探讨	《中国稻米》2007年第6期	吴增祺、朱贵平、吴明国、俞爱英、张惠琴、潘建富
33	仙居县制定绿色稻米发展规划着力打造浙江绿色农产品基地	《中国稻米》2008年第1期	朱贵平、吴增祺、张惠琴、周奶弟、吴建民、朱小舍、王乃庭
34	超级早稻"中早22"短龄早栽技术试验初报	《江西农业学报》2008年第2期	朱贵平、张惠琴、吴增祺、项加青、顾慧芬、张小来、周忠明
35	有机硅对防治稻纵卷叶螟增效作用田间药效试验初报	《现代农业科技》2008年第2期	张惠琴、朱贵平、沈益民
36	超级稻"两优0293"的最佳施肥配方研究	《江西农业学报》2008年第10期	张惠琴、朱贵平、吴增祺、丁坦连、高国民
37	绿肥结荚翻耕技术	《现代农业科技》2008年第18期	丁坦连、朱贵平
38	不同叶面肥对水稻国稻6号的增产效果	《浙江农业科学》2008年第6期	周奶弟、郭小苟弟、吴增祺、朱贵平
39	仙居县甘薯产业化开发与绿色标准化栽培技术	《杂粮作物》2009年第1期	吴建民、朱贵平、张惠琴、朱再荣、胡琴南、李淑春

编号	题目	刊物（出版社），期号	作者
40	浙江省单季稻产量差异原因分析	《中国稻米》2009年第2期	张玉屏、陈惠哲、陈炎忠、朱贵平、孙永飞、周祖昌、鲁贤平、朱德峰
41	优质超级杂交水稻嘉优99的去杂技术及栽培要点	《安徽农学通报》2009年第5期	张小来、朱贵平、吴增琪、张惠琴
42	油菜免耕直播技术在浙江省仙居县的推广应用	《现代农业》2009年第6期	朱贵平、张惠琴、吴增琪
43	山海螺生物学特性及仿野生栽培技术	《安徽农学通报》2009年第13期	李西春、张惠琴、胡琴南、朱贵平
44	精准生产设计与决策支持系统在中浙优1号生产上的应用	《中国农学通报》2009年第20期	吴增琪、林贤青、朱贵平、周奶弟
45	仙居县强力推进稻米品质提升的实践	《中国稻米》2010年第3期	吴增琪、朱贵平、张惠琴
46	紫云英结荚翻耕还田对土壤肥力及水稻产量的影响	《中国农学通报》2010年第15期	吴增琪、朱贵平、张惠琴、陈惠哲
47	前作油菜对水稻产量及性状的影响	《现代农业科技》2010年第5期	李淑春、张惠琴、朱贵平、潘建富
48	不同种植方式下浙油18的产量及效益比较	《安徽农学通报》2010年第7期	李淑春、朱贵平、张惠琴、朱再荣
49	仙居县有机稻米生产技术规程	《农业科技通讯》2010年第6期	吴旦良、周奶弟、朱贵平、姚爱国、朱小舍
50	仙居县2010年水稻精确定量栽培技术大区对比试验	《浙江农业科学》2010年12月	周奶弟、郑忠明、俞爱英
51	籼粳亚种间杂交水稻春优58的最佳施肥配方探讨	《江西农业学报》2011年第1期	张惠琴、朱贵平、吴增琪、顾慧芬、沈益民
52	紫云英不同时期翻耕氮素含量的变化及对后作水稻产量的影响	《江西农业学报》2011年第2期	朱贵平、张惠琴、吴增琪、陈惠哲
53	水稻病虫绿色防控技术探讨与应用	《世界农业》2011年第3期	张惠琴、朱贵平、周奶弟、顾慧芬
54	甬优12精确定量栽培技术效果研究初报	《耕作与栽培》2011年4月	周忠明、周奶弟、郑忠明
55	杏鲍菇立体堆码栽培技术初探	《安徽农学通报》2011年第11期	沈益民、朱贵平、张惠琴、吴增琪、陈西秀
56	多功能硅肥对水稻产量及其性状的影响	《南方农业学报》2011年增刊第1期	沈益民、朱贵平、张惠琴、朱再荣、李淑春
57	不同施肥配方对油菜产量的影响研究	《湖北农业科学》2011年第19期	张惠琴、朱贵平、吴增琪、李淑春、叶放

续表

编号	题目	刊物（出版社），期号	作者
58	仙居县有机稻米生产优势与发展对策	《浙江农业科学》2011年增刊2	周奶弟、吴增琪、朱贵平、张惠琴、沈西红
59	油菜浙油18在仙居县种植表现及栽培技术	《浙江农业科学》2011年第6期	朱贵平、吴增琪、张惠琴、朱再荣、周奶弟、张冬青
60	不同有机肥及其用量对有机水稻的作用和效益研究	《农业科技通讯》2012年第1期	顾慧芬、周奶弟、吴增琪、朱贵平、丁坦连
61	紫云英和油菜不同时期翻压对土壤培肥效果的影响	《南方农业学报》2012年第2期	朱贵平、张惠琴、吴增琪、胡琴南、顾慧芬、叶放
62	南方水稻黑条矮缩病重发原因及防治对策	《安徽农学通报》2012年第13期	顾慧芬、张惠琴、朱贵平
63	不同氮磷钾配比对小麦肥料利用率的影响	《农业科技通讯》2012年第8期	叶 放、沈益民、俞爱英、朱贵平、周泽华
64	种植密度对油菜"浙油50"菌核病及产量的影响	《农业灾害研究》2012年第4期	张惠琴、朱贵平、吴增琪、顾慧芬
65	甬优12号氮肥运筹技术研究	《杂交水稻》2012年第5期	周奶弟、朱贵平、吴增琪、郑忠明、高国民
66	不同施氮量对油菜"浙油50"菌核病及产量的影响	《福建农业科技》2012年第9期	张惠琴、朱贵平、吴增琪、叶放、周奶弟
67	高油油菜新品种浙油50的种植效益及直播栽培技术	《安徽农业科学》2013年第27期	朱贵平、张惠琴、周奶弟、应林友、应俊杰、吴增琪、曾孝元
68	甬优12单产12t/hm² 以上关键栽培技术探讨	《农业科学》2013年第4期	周奶弟、朱贵平、应林友、丁坦连、周建华
69	县级以下农技人员在农作制度创新中的作用	《农业开发与装备》2014年第6期	周奶弟、曾孝元、朱贵平

三门县

表9-20　三门县论文、著作

编号	题目	刊物（出版社），期号	作者
1	早稻新品种筛选的商榷	《种子世界》1996年第6期	吴其褒
2	Ⅱ优92春季制种高产技术	《杂交水稻》—繁殖制种技术专辑1998年第13卷	柯登寿
3	两优培九在浙江三门作单晚种植表现及高产栽培技术	《杂交水稻》2002年第17期	柯登寿
4	日本一寸蚕豆(白花大粒蚕豆)	《长江蔬菜》2003年第10期	柯登寿

编号	题目	刊物（出版社），期号	作者
5	单季晚稻协优 5968 高产栽培技术初探	《江西农业科技》2003年第 8 期	吴其褒
6	台湾 75 毛豆栽培技术	《台州农业》2005 年第 2 期	徐建兴、杨巍、柯登寿
7	中浙优 1 号在三门县的种植表现及其高产栽培技术	《杂交水稻》2005 年第 4 期	吴其褒
8	西瓜畸形、空心产生原因及预防	《台州农业》2006 年第 2 期	杨性长、柯登寿
9	俄罗斯水稻种质资源的苗期耐盐鉴定	《植物遗传资源学报》2008 年第 1 期	吴其褒、胡国成、柯登寿、栾维江、杨巍、孙宗修、陈惠哲
10	中浙优 8 号在浙江三门县的种植表现及高产栽培技术	《杂交水稻》2009 年第 3 期	吴其褒、楼亦献、孔亚芳、叶玉仙、李苗苗
11	延长农作物品种使用寿命的若干措施	《种子科技》2009 年第 5 期	吴其褒
12	三门县亭旁镇何家村生态水稻栽培技术	《浙江农业科学》2009 年增刊	吴其褒、郑建余、娄齐胜
13	种子种苗在发展现代种业中的地位和作用	《种子世界》2009 年第 5 期	吴其褒
14	甬优 9 号在浙江三门种植表现及高产栽培技术	《农业科技通讯》2010 年第 1 期	吴其褒、严文潮
15	做好县供种工作的几点探索	《现代种业》2010 年第 1 期	吴其褒

图书在版编目（CIP）数据

台州种业发展简编 / 张胜，林太赟主编. — 杭州 ：
浙江大学出版社，2021.8
ISBN 978-7-308-21646-3

Ⅰ. ①台… Ⅱ. ①张… ②林… Ⅲ. ①种子—农业产
业—产业发展—研究—台州 Ⅳ. ①F326.1

中国版本图书馆CIP数据核字(2021)第156527号

台州种业发展简编

张　胜　林太赟　主编

责任编辑	潘晶晶
责任校对	季　峥
封面设计	沈玉莲
出版发行	浙江大学出版社
	（杭州市天目山路148号　　邮政编码　310007）
	（网址：http：//www.zjupress.com）
排　　版	杭州林智广告有限公司
印　　刷	广东虎彩云印刷有限公司绍兴分公司
开　　本	710mm×1000mm　1/16
印　　张	12.25
字　　数	188千
版 印 次	2021年8月第1版　2021年8月第1次印刷
书　　号	ISBN 978-7-308-21646-3
定　　价	58.00元

版权所有　翻印必究　　印装差错　　负责调换

浙江大学出版社市场运营中心联系方式：0571-88925591；http：//zjdxcbs.tmall.com